AF398832

**Bibliografische Information der Deutschen Nationalbibliothek:**

Die Deutsche Nationalbibliothek verzeichnet diese Publikation in der Deutschen Nationalbibliografie; detaillierte bibliografische Daten sind im Internet über http://dnb.d-nb.de abrufbar.

**Impressum:**

Copyright © 2013 ScienceFactory

Ein Imprint der GRIN Verlags GmbH

Druck und Bindung: Books on Demand GmbH, Norderstedt, Germany

Coverbild: pixabay.com

# Finnland im Zweiten Weltkrieg: Zwischen Winterkrieg, Waffenbrüderschaft und Neutralität

Harald Freter (2008): Finnland im Zweiten Weltkrieg im Spannungsfeld deutscher und sowjetischer Großmachtinteressen

# Einleitung

Am Ende des Zweiten Weltkrieges besetzte die Sowjetunion die Territorien der mit dem Deutschen Reich verbündeten bzw. von diesem okkupierten Staaten (Ungarn, Rumänien, Tschechoslowakei, Bulgarien, Polen) und führte dort eine Umgestaltung der Staats- und Gesellschaftsordnung nach sowjetischem Vorbild durch. Einzige Ausnahme hiervon war Finnland, das weder okkupiert noch sowjetisiert wurde. Es konnte sowohl seine territoriale Integrität und Souveränität, als auch seine demokratischen Institutionen, seine marktwirtschaftliche Ordnung und sein Gesellschaftssystem erhalten. Mit der Untersuchung der Frage, warum dies so war, ist erst in neuerer Zeit mit der Öffnung entsprechender russischer Archive begonnen worden (Nevakivi, 1994, Troebst, 1998, Büttner, 2001), ohne dass eine abschließende Antwort bislang möglich gewesen wäre.

Ziel dieser Hausarbeit ist es, die Gründe hierfür im finnischen Agieren im Spannungsfeld zwischen eigenen nationalen Interessen und dem äußeren Druck Deutschlands und der Sowjetunion im Verlauf und vor allem am Ende des Krieges zu suchen. Die finnische Geschichtsschreibung erklärte nach dem Krieg Finnlands Beitritt zum Krieg Deutschlands gegen die Sowjetunion mit der sogenannten Treibholztheorie Arvi Korhonens (1961), wonach Finnland gegen seinen Willen und ohne eigene Mitwirkung in den Krieg gezogen wurde. Diese Auffassung wurde zunächst von ausländischen (u. a. Krosby, 1969), später dann auch von finnischen Historikern (Jokipii, 1987) immer mehr widerlegt.

Zu fragen ist allerdings, welchen Handlungsspielraum Finnland tatsächlich im Verlauf des Krieges hatte. Zur Untersuchung dieser Frage wird zweischrittig vorgegangen. Zunächst wird die Interessenlage der  auf dem finnischen Kriegsschauplatz agierenden Mächte am Vorabend des Zweiten Weltkrieges analysiert. Ausgangspunkt ist die Situation Finnlands nach Erstem Weltkrieg, Bürgerkrieg und den sogenannten Ostkriegszügen. Vor diesem Hintergrund entwickelten sich die Interessen der Sowjetunion und ab 1933 des nationalsozialistischen Deutschlands.

In einem weiteren Schritt werden dann der tatsächliche Verlauf des Krieges und das damit einhergehende Verhalten Finnlands, Deutschlands und der

Sowjetunion dargestellt. Dabei wird der finnischen Periodisierung und Terminologie (Winterkrieg, Fortsetzungskrieg, Lapplandkrieg) gefolgt.

Gezeigt werden soll, dass ein finnischer Handlungsspielraum zwar gegeben, dieser aber letztlich vergleichsweise gering war. Diesen minimalen Handlungsspielraum hat die finnische politische und militärische Führung klug nutzen können, so dass am Ende des Krieges vor dem Hintergrund der militärischen Gesamtkonstellation eine Okkupation des Landes durch die Sowjetunion nicht erfolgte.

An Quellen wird zurückgegriffen auf Dokumentensammlungen zu den Beziehungen zwischen dem nationalsozialistischen Deutschland und der Sowjetunion, ein Tonbandprotokoll vom Besuch Adolf Hitlers beim finnischen Oberbefehlshaber Carl Gustav Mannerheim am 4. Juni 1942 (Wegner, 1993), dem ein Exkurs gewidmet ist, und die Erinnerungen Mannerheims (1952). Herangezogen wird weiter deutsch- und englischsprachige Sekundärliteratur, darunter auch von finnischen Autoren. Kritischere Stimmen aus russischer Perspektive, die ein offensiveres Vorgehen Finnlands gegenüber der Sowjetunion annehmen (Baryshnikov, 2005), werden mit erörtert. Finnischsprachige Standardliteratur (Korhonen, 1961, Jokipii, 1987) konnte mangels Sprachkenntnissen nicht direkt benutzt werden. Hierzu wird auf entsprechende Zusammenfassungen zurückgegriffen (u.a. Saarinen, 1975, Hentilä, 2005, 2007).

Zu den auftretenden geographischen Bezeichnungen, insbesondere Ortsnamen, sei angemerkt, dass in der Literatur hier jeweils die finnischen, schwedischen und russischen Bezeichnungen, auftreten, diese teilweise deutsch oder englisch transkribiert. Dies gilt beispielsweise für den schwedischsprachigen südlichen Teil Finnlands[1]. In der Regel wird im nachstehenden Text die Bezeichnung gewählt, die der territorialen Zugehörigkeit zum betrachteten Zeitpunkt entspricht.

---

[1] Die wichtigsten Beispiele: Der Hafen Hanko heißt schwedisch Hangö, die Stadt Viipuri schwedisch Viborg, in der russischen deutsch transkribierten Fassung auch Wiborg oder Wyborg geschrieben. Die Region Petsamo heißt russisch Petschenga und der russische Fluss Swir wird finnisch als Syväri bezeichnet.

# Interessenlage der beteiligten Mächte bezüglich Finnland

## Finnlands Interessen nach Erstem Weltkrieg, Bürgerkrieg und Ostkriegszügen

Im Zuge der Oktoberrevolution, der Machtübernahme der Bolschewiki und des beginnenden russischen Bürgerkrieges erklärte Finnland, das seit 1809 als Großfürstentum zum Zarenreich gehörte[2], am 6. Dezember 1917 seine Unabhängigkeit. Diese wurde im Januar 1918 auch von Lenin anerkannt, der in der finnischen Selbständigkeit keine Bedrohung der sowjetischen Herrschaft sah. Es folgte die Anerkennung durch die skandinavischen Nachbarstaaten, Deutschland und Frankreich. (Lehmann, 1989, S. 4)

Kurz darauf kam es in Finnland zwischen Januar und Mai 1918 zum Bürgerkrieg zwischen sozialistischen („Rote Garden") und konservativen („Weiße Garden") Kräften. Dabei wurden die „Roten Garden" von noch in Finnland stationierten revolutionären Soldaten der russischen Armee unterstützt. Insofern ergab sich eine Verflechtung mit dem beginnenden russischen Bürgerkrieg. Letztlich gelang es den bürgerlichen Kräften unter Führung von Carl Gustav Mannerheim, mit deutscher Hilfe den Krieg für sich zu entscheiden[3]. Wegen der Verflechtung mit dem russischen Bürgerkrieg deuteten die Sieger diesen Krieg nicht in erster Linie als finnischen Bürgerkrieg, sondern als einen Freiheitskrieg gegen Russland („Unabhängigkeitskrieg"). Deshalb

---

[2] Im Zuge der napoleonischen Koalitionskriege verbündete sich Russland im Frieden von Tilsit (1807) mit Frankreich gegen England und das mit diesem verbündete Schweden. Mit dem Angriff Russlands auf Schweden begann dieses den Finnischen Krieg (1808/09), der mit dem Vertrag von Fredrikshamn endete, mit welchem Schweden weite Gebiete an Russland abtrat. Dazu gehörten neben dem die heutige Südhälfte Finnlands umfassenden Kernfinnland auch die Ålandinseln sowie Teile von Lappland.

[3] Die Formierung der weißen Regierungstruppen erfolgte unter anderem aus der sogenannten Jägerbewegung. Damit wird eine Gruppe finnischer Freiwilliger bezeichnet, die während des Ersten Weltkrieges in Deutschland (im 27. preußischen Jägerbataillon) ausgebildet wurden und an der Spitze eines Befreiungskrieges gegen das zaristische Russland stehen sollten. Weiter wurden die weißen Truppen von einem deutschen Expeditionskorps unterstützt. Kurzzeitig wurde sogar der deutsche Prinz Friedrich Karl von Hessen zum König von Finnland eingesetzt, der jedoch nach der Revolution in Deutschland auf die finnische Krone verzichtete. (Lehmann, 1989, S. 5f., Schweitzer, 1993)

blieben die Beziehungen zwischen Finnland und der Sowjetunion in den folgenden Jahren weiter spannungsreich. (vgl. Bohn, 2005, S. 206ff.). Zwischen 1918 und 1920 versuchten halboffizielle finnische Verbände in mehreren sogenannten Ostkriegszügen erfolglos, die sowjetischen Teile Kareliens[4] an Finnland anzuschließen.

Mit dem Frieden von Dorpat (Tartu) wurden schließlich 1920 die Feindseligkeiten beendet. Der Vertrag legte im Wesentlichen die Grenzen des zaristischen Großfürstentums Finnland als Grenze des nunmehr unabhängigen Finnland fest. Mit Petsamo (russisch: Petschenga) erhielt Finnland zudem einen eisfreien Hafen am Eismeer, gab aber Ansprüche auf die Kreise Repola und Porajärvi in Ostkarelien auf, die es 1918 bzw. 1919 seinem Gebiet angeschlossen hatte. Die zwischen Finnland, Schweden und Russland umstrittenen Ålandinseln am Eingang des Finnischen Meerbusens wurden vom Völkerbund Finnland zugesprochen, jedoch demilitarisiert (Lehmann, 1989, S. 14f., Bohn, 2005, S. 213) (siehe Karte 1).

---

[4] Im Vertrag von Nöteborg (finnisch: Pähkinäsaari, deutsch: Schlüsselburg) wurde 1323 der Grenzverlauf zwischen Schweden und Nowgorod geregelt und dabei die Landschaft Karelien zwischen diesen beiden Reichen geteilt. Die Grenze verlief östlich und nördlich der Stadt Viborg (Viipuri) auf der Karelischen Landenge. Ostkarelien gehörte seitdem zu Russland und später zur Sowjetunion. (Bohn, 2005, S. 61f.)

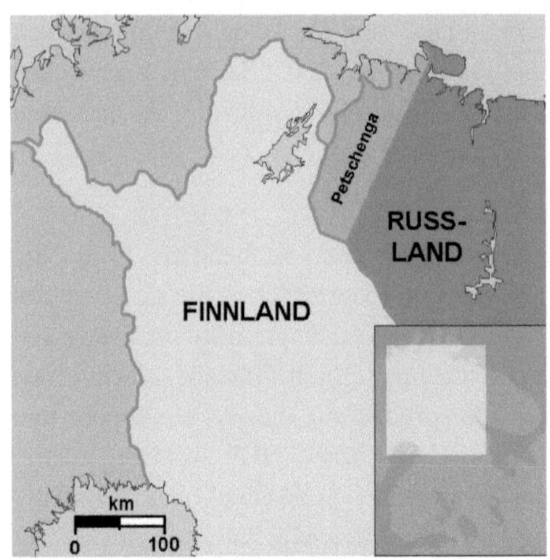


Karte 1. Finnland und Russland nach dem Frieden von Dorpat (1920) (aus: Wikipedia, Finnische Ostkriegszüge)

Die territorialen Regelungen des Friedens von Dorpat waren die Ausgangslage für die weitere Entwicklung der finnischen, sowjetischen und deutschen Interessen.

Die finnische Interessenlage bestand insbesondere aus dem Wunsch nach Sicherheit gegenüber der Sowjetunion. Das betraf sowohl die territoriale Integrität als auch den Fortbestand der demokratischen und marktwirtschaftlichen Gesellschaftsordnung. „Der große östliche Nachbar galt gleichermaßen als Gefahr für das kapitalistische System wie für die nationale Selbständigkeit" (Menger, 1988, S. 17).

Vor diesem Hintergrund wurden von finnischer Seite vor dem Krieg unterschiedliche Strategien verfolgt:

- Aufbau guter Beziehungen zu Deutschland

- Politik der „Skandinavischen Neutralität"

- Befriedung des Verhältnisses zur Sowjetunion

Nachdem in den 1920er und 1930er-Jahren eine betont deutschfreundliche Stimmung vorherrschte (s.u.), kam es 1936/37 in Finnland zu einem

Regierungswechsel. Ziel der finnischen Außenpolitik unter dem neuen Präsidenten Kallio, Ministerpräsident Cajander und Außenminister Holsti war eine Zusammenarbeit mit dem Völkerbund, namentlich Großbritannien und Frankreich, und mit den skandinavischen Staaten und eine Entspannung des Verhältnisses zur Sowjetunion. (Menger, 1988, S. 37; Lehmann, 1989, S. 11).

Eine Orientierung der Gesamt- und Außenpolitik auf die skandinavischen Staaten, vor allem Schweden, sollte einen Ausweg aus dem sicherheitspolitischen Dilemma zwischen Deutschland und der Sowjetunion bieten. Konkretere Absprachen über eine solche „skandinavische Neutralität" scheiterten aber an der reservierten Haltung Schwedens (Schweitzer, 1993) und der mangelnden Bereitschaft zu einem „länderübergreifenden militärischen Vorgehen in unterschiedlichen geographischen Räumen" (Lehmann, 1989, S. 9).

Vor diesem Hintergrund hatte sich Finnland weitgehend allein im machtpolitischen Spannungsfeld zwischen dem nationalsozialistischen Deutschland und der Sowjetunion zu orientieren. Hierauf wird in den beiden folgenden Abschnitten eingegangen.

## Finnisch-Deutsche Zusammenarbeit vor dem Krieg

Insgesamt war in den 1920er und 1930er Jahren in Finnland eine antisowjetische und prodeutsche Stimmung tonangebend (Lehmann, 1989, S. 6ff.) Dies führte zu einer intensiven finnisch-deutschen Zusammenarbeit auf wirtschaftlichem und militärischem Gebiet. Deutschland wurde ab 1921 zum wichtigsten Importland für Finnland (Menger, 1989, S. 17). Dies setzte sich auch nach der nationalsozialistischen Machtergreifung in Deutschland fort, auch wenn es in Finnland kaum Befürworter der Nationalsozialisten gab.

Menger (1988) gliedert die Beziehungen zwischen Finnland und dem nationalsozialistischen Deutschland in zwei Phasen: die Phase der traditionellen Freundschaftlichkeit (1933-1936) und die Phase deutscher Aktivitäten gegen einen finnischen Kurswechsel (1937 – 1939).

In der ersten Phase, die vom deutschfreundlichen Präsidenten Svinhufvud, Ministerpräsident Kallio und Außenminister Hackzell auf finnischer Seite bestimmt wurde, wurde „Deutschland als stärkster Garant finnischer

Unabhängigkeit" (Menger, 1988, S. 29) gesehen, die Sowjetunion hingegen als deren größter Gegner. Deutschland konnte umfangreiche wehrwirtschaftliche Interessen mit finnischen Rohstofflieferungen (Kupfer, Eisen und Nickel aus der Petsamoregion, siehe Menger, 1988, S. 25 und S. 69) befriedigen.

Finnland wurde von Anfang an in die deutschen Kriegsplanungen als „antisowjetischer Brückenkopf" (Menger, 1988, S. 35) bzw. als „Flankenpartner, Aufmarsch- und Nachschubbasis" (Menger, 1988, S. 79) einbezogen. Es kam zu einer noch intensiveren Zusammenarbeit auf militärischem Gebiet (Lehmann, 1989, S: 6ff.). Die einzige „Gefahr" wurde in dieser Seite deutscherseits in einer Annäherung Finnlands an Großbritannien gesehen (Menger, 1988, S. 35).

Hinsichtlich der deutschen Interessen an Finnland ist also mit Salewski (1979) festzustellen, dass

- Finnland für Deutschland Hauptlieferant kriegswichtiger Rohstoffe war,

- Deutschland strategische Interessen im Ostseeraum und im Nordpolarmeer verfolgte,

- Deutschland die Gefahr englisch-französischer Interventionen in Nordeuropa abwenden wollte.

Diese Interessen waren durchaus teilweise gemeinsame, da Finnland von Deutschland die Garantie des politischen Status Quo erwartete und in Deutschland einen wichtigen Abnehmer seiner Rohstoffe, aber auch Lieferanten von Lebensmitteln und Waffen sah. Während Deutschland Finnland in das eigene Lager für den Angriffskrieg gegen die Sowjetunion ziehen wollte, erhoffte sich Finnland durch die deutsche Unterstützung eine mäßigende Wirkung auf die Sowjetunion.

## Sowjetische Interessen an Finnland

Von russischer Seite wurde Finnland seit jeher als Gefahr für die Sicherheit gesehen. Schon Peter der Große wird mit den Worten „Russland ist erst dann sicher, wenn seine Grenzen am Bottnischen Meerbusen liegen" zitiert (Lehmann, 1989, S. 3). Auch seitens der Sowjetunion wurde Finnland als strategisch wichtig betrachtet. So galten der Finnische Meerbusen und die Küste als potentielles Einfallstor zur zweitgrößten Stadt der Sowjetunion, Leningrad. Für den Fall eines Landkrieges sah die sowjetische Führung den finnischen Teil Kareliens als mögliches Aufmarschgebiet für einen Angriff gegen Leningrad ebenso wie das gesamte finnische Territorium als mögliche Basis von Luftangriffen auf sowjetisches Gebiet.

Vor diesem Hintergrund erfolgten sowjetische Forderungen an Finnland, so im April 1938 nach Garantien, dass Finnland Deutschland bei einem Krieg gegen die Sowjetunion nicht unterstützen werde (Mannerheim, 1952, S. 322; Lehmann, 1989, S.10). Hierzu wäre Finnland unter der Voraussetzung der Garantie seiner territorialen Integrität zwar bereit gewesen, nicht jedoch zur langfristigen Verpachtung von Inseln im Finnischen Meerbusen oder ersatzweise eines Landgebietes nördlich des Ladogasees an die Sowjetunion zur Errichtung militärischer Stützpunkte (Mannerheim, 1952, S. 322ff.).

Zwischenzeitlich kamen die Sowjetunion und das nationalsozialistische Deutschland im geheimen Zusatzprotokoll zum deutsch-sowjetischen Nichtangriffspakt vom 23.8.1939[5] (Hofer, 1957, S. 230f.) zu einer Regelung ihrer wechselseitigen Interessensphären, wonach Finnland der Interessensphäre der Sowjetunion zugeordnet wurde[6].

Im Oktober 1939, mit dem Hitler-Stalin-Pakt im Rücken forderte die Sowjetunion von Finnland einen „Beistandspakt", der aber auch konkrete territoriale Forderungen[7] enthielt (Mannerheim, 1952, S. 335). Angesichts der schwachen militärischen Lage Finnlands setzte sich Mannerheim für einen

---

[5] oft als Hitler-Stalin-Pakt oder Molotow-Ribbentrop-Pakt bezeichnet

[6] „Für den Fall einer territorialen Umgestaltung in den zu den baltischen Staaten (Finnland, Estland, Lettland, Litauen) gehörenden Gebieten bildet die nördliche Grenze Litauens zugleich die Grenze der Interessensphäre Deutschlands und der UdSSR." (Geheimes Zusatzprotokoll, zitiert nach Hofer, 1957, S. 230f.) In einem weiteren Geheimabkommen vom 28.9.1939 wurde auch Litauen der sowjetischen Interessensphäre zugeschlagen (Hofer, 1957, S. 212).

[7] Verpachtung des Hafens von Hanko (Hangö) für 30 Jahre an die Sowjetunion, Abtretung der Inseln im Finnischen Meerbusens, des Westteils der Fischerhalbinsel und eines Gebietes auf der Karelischen Landenge. Zum Ausgleich allerdings Überlassung der Distrikte Repola und Porajärvi, die in den Ostkriegszügen von Finnland beansprucht wurden. (Mannerheim, 1952, S. 335f.) (vgl. Karte 3)

Kompromiss mit der Sowjetunion ein, der zu einem finnischen Gegenangebot mit teilweisen Zugeständnissen führte (Lehmann, 1989, S. 12f.). Letztlich verliefen aber die bis Ende Oktober 1939 geführten Verhandlungen ergebnislos. Die sowjetischen Forderungen wurden als für Finnland unannehmbar abgelehnt. In der Folge setzte die Sowjetunion auf eine militärische Durchsetzung ihrer Interessen gegenüber Finnland.

# Der Verlauf des Krieges in Finnland 1939 - 1945

In diesem Abschnitt soll zunächst der Verlauf des Krieges in und um Finnland dargestellt werden. Dabei soll insbesondere darauf geachtet werden, wie sich Finnland unter dem äußeren Druck der Großmächte Sowjetunion und Deutschland verhielt und welcher Spielraum für eigenständiges Handeln bestand. Diese Fragestellung wird explizit im vierten Abschnitt erneut aufgegriffen werden. In der Periodisierung wird der finnischen Terminologie (Winterkrieg, Fortsetzungskrieg, Lapplandkrieg) gefolgt (z. B. Mannerheim, 1952, Nousiainen et al., 2002), die aus finnischer Sicht eine Eigenständigkeit der Kriegführung und eine gesonderte Betrachtung unabhängig vom übrigen Geschehen des Zweiten Weltkrieges nahe legen soll.

## Der Winterkrieg 1939/40

Noch während der laufenden Gespräche über die sowjetischen Forderungen an Finnland und finnische Angebote wurden die sogenannten „Mainilaschüsse[8]", von der Sowjetunion zum Anlass für das Aufkündigen des Nichtangriffsvertrages, den Abbruch der diplomatischen Beziehungen und zum Angriff auf Finnland am 30.11.1939 genommen (Mannerheim, 1952, S. 346).

Der Winterkrieg kann in drei Phasen eingeteilt werden (Jokipii, 1997):

- erste russische Angriffsphase 1.12.1939 – 15.1.1940

- Stellungskrieg: Mitte Januar bis Mitte Februar 1940

- zweite Angriffsphase ab Mitte Februar

Die militärische Führung der Sowjetunion ging von einem schnellen Sieg über die finnischen Streitkräfte aus. Ein russischer Blitzkrieg scheiterte jedoch

---

[8] Am 25.11.1939 kam es zu einem Grenzzwischenfall bei dem Dorf Mainila auf der Karelischen Landenge. Nach sowjetischer Darstellung soll von finnischem Territorium aus mit Artillerie auf sowjetisches Territorium geschossen worden sein. Diese sogenannten „Schüsse von Mainila" sind bis heute nicht aufgeklärt. (Lehmann, 1989, S. 15)

zunächst (Mannerheim, 1952, S. 388ff.), weil die finnischen Verteidiger unter Ausnutzung der Geländebedingungen und der besseren Vorbereitung auf eine Kriegführung im Winter unerwarteten Widerstand leisteten und bis Ende Januar 1940 ihre Stellungen entlang der sogenannten Mannerheim-Linie hielten und nordöstlich des Ladogasees sogar zum Gegenangriff übergehen konnten (Lehmann, 1989, S. 17f.)

Erst eine massive Verstärkung der sowjetischen Kräfte führte dazu, dass im Verlauf des Februar 1940 die Mannerheim-Linie (Karte 2) durchbrochen wurde. Eine Zerschlagung oder Einkesselung der finnischen Armee gelang jedoch nicht, auch konnte die Stadt Viipuri nicht erobert werden. Da andererseits eine Unterstützung aus dem Ausland nicht erwartet werden konnte, gab es für die finnische Führung angesichts der inzwischen äußerst kritischen militärischen Lage nur noch den Weg zu Friedensverhandlungen, solange finnisches Territorium noch weitgehend unversehrt und die eigene Armee noch weitgehend intakt war. (Lehmann, 1989, S. 18)

Karte 2. Die „Mannerheim-Linie" im Winterkrieg 1939/40 (aus: Wikipedia, Winterkrieg)

Mit dem im März 1940 abgeschlossenen Moskauer Friedensvertrag wurde Finnland zu erheblichen Gebietsabtretungen an die Sowjetunion gezwungen, wodurch diese ihre militärstrategische Position deutlich verbessern konnte (Menger, 1988, S.69): Die Grenze wurde von nördlich Leningrad hinter die Linie Viipuri-Sortavela verlegt. Die Karelische Landenge, das Nord- und Westufer des Ladogasees, einige Inseln des Finnischen Meerbusens, ein Gebiet im Bereich der Gemeinde Kuolajärvi (Salla) sowie der westliche Teil der

Fischer (Rybatschi)-Halbinsel fielen an die UdSSR. Die Stadt Hanko (Hangö) an der Südküste musste für 30 Jahre als Flottenstützpunkt an die Sowjetunion verpachtet werden. (Karte 3)

Damit verlor Finnland etwa 40.000 qkm an Gebiet, 500.000 Menschen (12 % der Bevölkerung) verloren ihre Heimat (Mannerheim, 1952, S. 419; Jokipii, 1997). Aber Finnland konnte seine Selbständigkeit behaupten, indem der „Friede im letztmöglichen Moment geschlossen" (Nousiainen et al., 2002, S. 29) wurde.

Die Beendigung des Krieges war durchaus auch im Interesse der Sowjetunion, weil gegen eine Fortsetzung des Winterkrieges und damit eine Besetzung Finnlands sprach, dass Anfang 1940 sonst ein Konflikt mit den Westalliierten zu befürchten war und Ende 1940 der außenpolitische Partner Hitler dagegen war (Troebst, 1998)

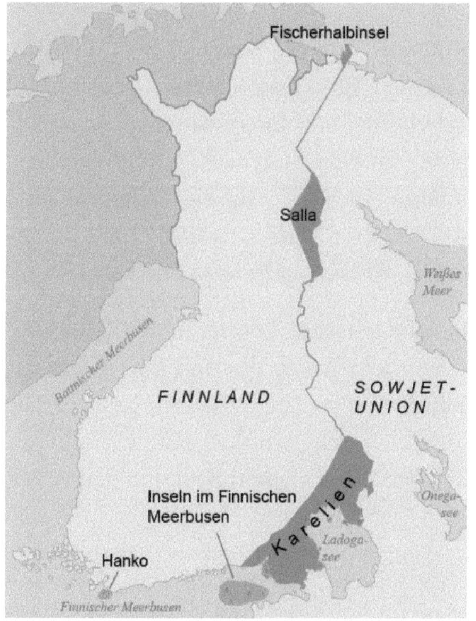


Karte 3. Finnische Gebietsabtretungen im Moskauer Friedensvertrag (12. März 1940) (aus: Wikipedia, Winterkrieg)

# Die Zwischenkriegszeit[9] 1940/41

Nach dem Winterkrieg gab es einander widerstreitende Tendenzen in der finnischen Außen- und Militärpolitik (Menger, 1988, S. 75). Einerseits sollte versucht werden, das Land aus neuen kriegerischen Auseinandersetzungen herauszuhalten, indem ein befriedigendes Verhältnis zur Sowjetunion gefunden werden sollte. Andererseits gab es eine immer stärker werdende Tendenz, das Land auf Deutschland zu orientieren und die Schlagkraft der finnischen Streitkräfte zielstrebig auszubauen.

Ab dem Sommer 1940 wurde der finnische Außenhandel hauptsächlich auf Deutschland und dessen Einflussgebiet ausgerichtet (Menger, 1988, S. 74ff.; Jokipii, 1997). So kam es zu umfangreichen Eisen- und Kohlelieferungen Deutschlands an Finnland. Umgekehrt wurden der IG Farben 60 % der Nickelausbeute aus der Petsamoregion zugesichert.

Mit den deutschen Planungen für einen Angriff auf die Sowjetunion (Weisung Hitlers vom 21.7.1940) wurde Finnland für Deutschland primär als Flankenpartner, Aufmarsch- und Nachschubbasis von Interesse (Menger, 1988, S. 79). Weitere deutsch-finnische Kontakte erfolgten dann auch auf militärischer Ebene. So kam es zu mehreren Vereinbarungen über deutsche Truppen- und Materialtransporte durch Finnland in das besetzte Nordnorwegen[10] und einem Geheimvertrag vom 1.10.1940 über deutsche Waffenlieferungen an Finnland.

Am 12./13. November 1940 führte der sowjetische Außenminister Molotow Gespräche in Berlin, bei denen neben der Balkanfrage die finnische Frage an erster Stelle rangierte (Sontag und Beddie, 1948, S. 226ff.; Mannerheim, 1952, S. 427f., Menger, 1988, S. 87). Auf sowjetischer Seite wurde dabei der Eindruck gewonnen, dass Deutschland vom Grundsatz der Zugehörigkeit Finnlands zur

---

[9] Mit dieser Begriffswahl wird wiederum die finnische Perspektive eingenommen. Bekanntlich gab es in diesem Zeitraum andere Kriegsschauplätze des Zweiten Weltkrieges.

[10] Finnische Zustimmung vom 18./19.8.1940 zu Truppen- und Materialtransit in den Raum Kirkenes, Vereinbarung vom 12.9.1940 über Truppen- und Materialtransporte der deutschen Luftwaffe durch Finnland, Vereinbarung vom 22.9.1940 über Materialtransporte von den nördlichen Ostseehäfen über Rovaniemi nach Kirkenes, Vereinbarung über (Truppen)Urlauberverkehr von Ende November 1940 (Menger, 1988, S. 81)

Interessensphäre der Sowjetunion abrückte. Hitler hatte eine Zurückstellung der sowjetischen Ansprüche für sechs Monate bis zu einem Jahr gefordert (Sontag und Beddie, 1948, S. 226ff.). Der geforderte Abzug deutscher Truppen aus Finnland wurde abgelehnt und die wirtschaftlichen Interessen Deutschlands an Finnland hervorgehoben.

In diesem Treffen sah Mannerheim (1952, S. 428) einen „entscheidenden Schritt, dem schließlichen Bruch zwischen Deutschland und der Sowjetunion" entgegen. Fortan sah er keine Möglichkeit mehr, sich aus dem zu erwartenden deutsch-sowjetischen Konflikt herauszuhalten (S. 436).

Diese Lagebeurteilung erfolgte angesichts einer Situation, in der Dänemark und Norwegen von deutschen Truppen besetzt, vom neutralen Schweden sowie Großbritannien und den USA keine Hilfe gegen die Sowjetunion zu erwarten war. Vor diesem Hintergrund „stand die finnische Diplomatie ohne wirkliche Alternative dar" (Schweitzer, 1993). Finnland stellte sich somit auf eine deutsche Hegemonie ein und erwartete eine Revanche für die im Winterkrieg erlittene Niederlage. (Menger, 1988, S. 76f.)

Nachdem auf deutscher Seite die Grundsatzentscheidungen für die strategisch-operative Planung des Überfalls auf die Sowjetunion getroffen waren[11], sollte Finnland in diese Planungen einbezogen werden. Die abschließenden Verhandlungen wurden Ende Mai / Anfang Juni 1941 zunächst in Salzburg, dann in Helsinki geführt (Menger, 1988, S. 100ff.). Ergebnisse waren u.a. die genaue Abgrenzung der Operations- und Befehlsbereiche zwischen dem deutschen und dem finnischen Oberkommando, die Bereitstellung von sechs finnischen Divisionen an der Südostgrenze zum Hauptangriff westlich oder östlich des Ladogasees, die Überführung von deutschen Verbänden in den Raum Rovaniemi und die Nutzung finnischer Flugbasen durch die deutsche Luftwaffe. Die finnische Einsatzbereitschaft sollte bis zum 28. Juni hergestellt sein. Zudem wurden wechselseitig Verbindungsstäbe zum jeweils anderen Oberkommando

---

[11] Weisung Nr. 21 („Fall Barbarossa") vom 18.12.1940 und „Aufmarschanweisung Barbarossa" vom 31.1.1941 (Menger, 1988, S. 88 )

eingerichtet[12]. Formelle vertragliche Vereinbarungen wurden allerdings nicht getroffen.

## Der Fortsetzungskrieg 1941 – 1944

### Der finnische Eintritt in den Krieg gegen die Sowjetunion

Der im Zuge des deutschen Angriffs auf die Sowjetunion ebenfalls ausgebrochene Krieg zwischen Finnland und der Sowjetunion wird unterschiedlich gedeutet. In der finnischen Deutung wird Wert darauf gelegt, diesen Krieg unabhängig von der deutschen Aggression als Fortsetzung des Winterkrieges zu sehen, deshalb die Bezeichnung „Fortsetzungskrieg". Aus deutscher Sicht war Finnland wie schon festgestellt ein wichtiger „Flankenpartner". Da ein formelles vertragliches Kriegsbündnis zwischen Finnland und Deutschland nicht bestand, wurde von einer „Waffenbrüderschaft" gesprochen. Aus sowjetischer Sicht (Baryshnikov, 2005) stellt sich der Fortsetzungskrieg als eine gemeinsame finnisch-deutsche Aggression gegen die Sowjetunion dar.

Für die finnische Sicht wird von dort angeführt, dass es kein offizielles Bündnis mit Deutschland gab und sich Finnland noch bei Kriegsbeginn offiziell für neutral erklärte. Erst nach dem deutschen Angriff auf die Sowjetunion am 22. Juni 1941 „begannen die Russen eine Reihe von Angriffen, Bombardierungen und Beschießungen rein finnischer Ziele" (Mannerheim, 1952, S. 440), so dass Finnland am 24. Juni den Verteidigungsfall erklärte, das Hauptquartier ins Landesinnere nach Mikkeli verlegte (Nousiainen et al., 2002) und seinen Truppen die Erwiderung des Feuers gestattete.

Die militärische Zielsetzung Finnlands bestand nach den Worten Mannerheims (1952, S. 445) in einer Wiedereroberung des im Winterkrieg verlorenen Ladogakarelien und der Karelischen Landenge. Durch eine Besetzung Ostkareliens sollte eine Überführung des Krieges auf finnisches Gebiet

---

[12] General Waldemar Erfurth als Kommandeur des Verbindungsstabes Nord im finnischen Hauptquartier und Generalleutnant Harald Öhquist als Verbindungsoffizier des finnischen Oberbefehlshabers zum OKW und zum OKH (Menger, 1988, S. 105)

verhindert werden. Einen Angriff auf Leningrad sollte es von finnischer Seite nicht geben, um nach dem Krieg sowjetischen Befürchtungen, ein selbständiges Finnland sei eine ständige Bedrohung für Leningrad, keine Grundlage zu geben. Auch wurde in der Folge deutschen Forderungen nach Unterstützung eines Angriffs auf die Murmanbahn nicht gefolgt. Diese beiden Punkte führt auch Hentilä (2007) als „gewichtige Tatsachen" für die „These, dass Finnland einen separaten Krieg geführt hatte", an.

Lehmann (1989, S. 32) fasst die finnische „Losung von der Führung eines defensiven Sonderkrieges", bei der es „nur einen gemeinsamen Gegner mit Deutschland" gebe, dahingehend zusammen, dass die deutsch-finnischen Beziehungen als „Waffenbrüderschaft", (nicht als „Bündnis") bezeichnet worden seien, aktive Kampfhandlungen eingeschränkt worden seien und die finnischen Verbände in Lappland aus der deutschen Befehlsgewalt herausgelöst wurden.

Eine andere Sichtweise vertritt Baryshnikov (2005), der insbesondere die finnischen Kriegsziele anhand der Tagesbefehle Mannerheims analysiert (Forderung nach einem Groß-Finnland mit dem gesamten Karelien[13]) und die finnische Nichtbeteiligung am Angriff auf Leningrad darauf zurückführt, dass die deutsche Armeegruppe Nord nicht in der Lage war, von Süden her den entscheidenden Schlag gegen Leningrad zu führen (Baryshnikov, 2005, S. 61). Insofern hätte das finnische Vorgehen einen rein militärischen Hintergrund gehabt, weil der zunächst erwartete rasche deutsche Sieg ausblieb. Damit kommt Baryshnikov zu dem Schluss, dass im Sommer und Herbst 1941 sehr wohl auch finnische Truppen einen Angriff auf Leningrad führten, der allerdings am Ende in einem Stellungskrieg stecken blieb.

In dieser Sichtweise gingen die finnischen Kriegsziele also weit über den Wiedergewinn der im Winterkrieg verlorenen Gebiete hinaus.

Auch Menger (1988, S. 129f.) spricht von einer „kontroversen historischen Diskussion" über die Frage, ob Mannerheim einer Stoßrichtung auf den Fluss

---

[13] Neben der Annulierung des Moskauer Friedensvertrages Forderungen nach einer Angliederung Ost-Kareliens und der Kola-Halbinsel an Finnland, Aussiedlung der russischen aus und Ansiedlung finnischer Bevölkerung in diesen Gebieten (vgl. Lehmann, 1989, S. 29)

Swir (Syväri) oder die Karelische Landenge den Vorzug gab (vgl. Karte 4). Aus den Quellen und Memoiren der deutschen Militärs ginge hervor, dass die deutsche Seite den Eindruck gewonnen hätte, Mannerheim bevorzuge einen Angriff über die Karelische Landenge (also Richtung Leningrad), während dieser in seinen Memoiren kategorisch behauptete, unter keinen Umständen zu einer Offensive gegen Leningrad bereit gewesen zu sein. Für das tatsächliche Vorgehen Richtung Swir seien letztendlich die deutschen Forderungen ausschlaggebend gewesen (Menger, 1988, S. 130). Aber auch der Vorstoß zum Swir habe letztlich auf Leningrad gezielt, da er die „Gefahr einer völligen Blockade der Stadt" erhöht und zu einer „permanenten Bedrohung ihres letzten Lebensweges über den Ladogasee" geführt hätte (Menger, 1988, S. 131).

Auch in den finnischen Neutralitätsbekundungen zu Kriegsbeginn sieht Menger (1988, S. 109) „nichts anderes als ein taktisches Manöver", da sich Finnland seit den ersten Kriegsstunden an Aggressionshandlungen beteiligt hätte und sein Staatsgebiet als Aufmarschraum und als Angriffsbasis gegen die Sowjetunion gedient hätte[14].

Die finnische Offensive in Karelien führte dazu, dass Anfang September 1941 die neue Frontlinie im Wesentlichen dem Verlauf der Grenze des Jahres 1939 folgte (Menger, 1988, S. 134ff.). Der weitere Verlauf des Krieges ist vor allem durch deutsche Forderungen nach einer Beteiligung am Angriff auf Leningrad und die Murmanbahn[15] einerseits und politischen Bemühungen Großbritanniens und der USA, Finnland zu einem Austritt aus dem Krieg zu bewegen, bestimmt (Mannerheim, 1952, S. 443ff.).

---

[14] Lehmann (1989, S. 28) nennt hier Bombenangriffe der deutschen Luftwaffe auf Murmansk von finnischen Flughäfen aus, das Legen von Minensperren im Finnischen Meerbusen, Aufklärungsflüge von finnischen Flughäfen aus und die Besetzung der Ålandinseln trotz deren entmilitarisierten Status.

[15] Über die Murmanbahn wurden Waffenlieferungen und Versorgungsgüter der Westalliieten für die Sowjetunion aus dem Hafen Murmansk weitergeleitet.

Karte 4. Karelische Landenge und Swir. Lage im Fortsetzungskrieg Dezember 1941 – Juni 1944. (aus: Wikipedia, Fortsetzungskrieg)

### 3.3.2 Exkurs: Besuch Adolf Hitlers bei Carl Gustav Mannerheim am 4. Juni 1942

Eine interessante Episode, die ein gewisses Licht auf den Stand der finnisch-deutschen Beziehungen wirft, ist der Besuch Adolf Hitlers beim finnischen Oberbefehlshaber Carl Gustav Mannerheim anlässlich dessen 75. Geburtstages am 4. Juni 1942 in Mikkeli (Wegner, 1993). Dieser Besuch fand in einer Situation statt, als sich die allgemeine Kriegslage für Deutschland verschlechterte und zugleich die wirtschaftliche, militärische und politische Abhängigkeit Finnlands vom Deutschen Reich zunahm. In dieser Situation versuchte die finnische Politik „ihren Handlungsspielraum … zu wahren" (Wegner, 1993, S. 119). Seit dem Winter 1941/42 war es der finnischen Führung gelungen, sich auf eine eher politisch abwartende Haltung und militärisch defensive Kriegführung zurückzuziehen.

Andererseits verzichtete Deutschland – anders als im Umgang mit anderen Bundesgenossen - darauf, Finnland mit diplomatischem, wirtschaftlichem oder militärischem Druck zur Aufgabe dieser Linie zu zwingen. Hierfür führt Wegner (1993, S. 120ff.) drei Gründe an:

- Respekt des deutschen Diktators vor dem nationalen Selbstbehauptungswillen der Finnen

- Unverzichtbarkeit des finnischen Beitrags für die defensive Sicherung der Nordflanke, nicht so sehr für die Offensivoperationen auf dem Südflügel

- Kontraproduktive Wirkung von Pressionen, die Finnland eher zu einem Sonderfrieden mit der Sowjetunion neigen ließen

Der Besuch Hitlers verfolgte vor diesem Hintergrund offenbar nicht so sehr das Ziel, zu weiteren konkreten politischen und militärischen Absprachen zu kommen, sondern nach außen „die Bindungen Finnlands an das Reich augenfällig (zu) machen und die ... Politik Helsinkis gegenüber den Westalliierten ... (zu) kompromittieren." (Wegner, 1993, S. 123).

Dem entspricht auch der Gesprächsverlauf, in dem nicht über den bevorstehenden zweiten deutschen Ostfeldzug, nicht über die Lage im Raum Leningrad und nicht über die Umstellung auf eine längere Kriegführung gesprochen wurde. Damit wird mit Wegner (1993) ein „bezeichnendes Licht auf den Charakter der deutsch-finnischen „Waffenbrüderschaft"" geworfen, die eine „Verbindung höchst unterschiedlicher Partner" darstellte, die beide aus unterschiedlichen Gründen kein Interesse an einer gleichberechtigten Partnerschaft hatten. Die Finnen nicht, weil sie eine eigenständige Politik und Kriegführung betonen wollten, das totalitäre Deutschland nicht, weil es auf die „Wirksamkeit der machtpolitischen Asymmetrie" mit der daraus resultierenden Abhängigkeit Finnlands vertraute.

Hitler nutze das Gespräch mit Mannerheim dazu, Finnland unausgesprochen vor jeglichem Versuch eines Separatfriedens zu warnen und es zugleich der deutschen Unterstützung zu versichern. Er tat dies durch ein scheinbar rückhaltloses Einräumen einerseits deutscher Fehleinschätzungen der Stärke der Sowjetunion, andererseits der Schwäche der deutschen militärischen Planung[16]. Diese vermeintlich realistische Lagebeurteilung sollte offenbar seine Glaubwürdigkeit gegenüber dem finnischen Oberbefehlshaber wieder herstellen.

---

[16] Hitler spricht von einer „Schönwetterbewaffnung" (Wegner, 1993, S. 132f.)

## Finnlands Austritt aus dem Krieg gegen die Sowjetunion

Ungeachtet mancher Differenzen, insbesondere hinsichtlich Leningrads und der Murmanbahn, „stand die Stabilität der deutsch-finnischen antisowjetischen Kriegskoalition nicht in Frage" (Menger, 1988, S. 160ff.). Dies änderte sich erst nach der deutschen Niederlage von Stalingrad, als Deutschland mehr denn je an einem finnischen Einsatz interessiert war, Finnland jedoch nicht in die Niederlage hineingezogen werden wollte. Am 3.2.1943, einen Tag nach der deutschen Kapitulation von Stalingrad, wurde innerhalb der finnischen Führung[17] Einigkeit darüber erzielt, dass Finnland das Ausscheiden aus dem Krieg anstreben müsse, möglichst in Übereinstimmung mit Deutschland (Menger, 1988, S. 162), mit den Worten Mannerheims (1952, S. 491): „Finnland musste einen Weg aus dem Kampf heraus finden, woran uns Deutschlands Macht für den Augenblick noch hinderte." Allerdings blieb die Wiederherstellung der Grenzen von 1939 finnisches Kriegsziel (Büttner, 2001, S.57f.).

Während an der finnischen Front im Verlauf des Jahres 1943 weitgehend Stellungskrieg herrschte und gegen deutsche Offensivforderungen auf die tatsächliche militärische Lage verwiesen wurde (Menger, 1988, S. 171), wurde von der seit März 1943 amtierenden Regierung Linkomies zunächst bei anderen Regierungen[18] vorgefühlt, dann. Deutschland unterrichtet, das ablehnend reagierte und unter Drohung mit wirtschaftlichen und militärischen Repressionen eine verbindliche finnische Erklärung verlangte, ohne deutsche Zustimmung keine Waffenstillstandsverhandlungen aufzunehmen. Ende Juni konnte der Zwist durch eine Rede des Ministerpräsidenten vorläufig beigelegt werden, die Kluft zwischen deutschen Forderungen und finnischen Interessen war jedoch nicht mehr zu übersehen.

Für den Fall eines finnischen Separatfriedens sah die deutsche Planung („Weisung Nr. 50" vom 28.9.1943) vor, den Norden Finnlands gewaltsam unter Kontrolle zu behalten (Operation „Birke") und die Ålandinseln (Operation

---

[17] Auf einer Konferenz zwischen Mannerheim, Staatspräsident Ryti und anderen führenden finnischen Politikern (Menger, 1988, S. 162)

[18] Schweden, Großbritannien und USA, vgl. Jokipii (1997)

„Tanne West") und die Insel Suursaari (Operation „Tanne Ost") zu besetzen (Menger, 1988, S. 176ff.; Lehmann, 1989, S. 34f.)

Am 20.11.1943 signalisierte die Sowjetunion erstmals über Schweden Verhandlungs-bereitschaft, was aber noch zu keinen positiven Resultaten führte, da Finnland nicht bereit war, den Moskauer Frieden vom März 1940 als Verhandlungsgrundlage zu akzeptieren. (Menger, 1988, S. 167f.; Lehmann, 1989, S. 34).

Nach der schweren Niederlage der deutschen Heeresgruppe Nord im Januar 1944 nahm die finnische Regierung erneut Kontakt zur Sowjetregierung auf, die folgende Waffenstillstandsbedingungen stellte[19] (Menger, 1988, S. 184ff.; Lehmann, 1989, S. 35f.):

- Abbruch der Beziehungen zu Deutschland

- Internierung der auf finnischem Gebiet stationierten deutschen Truppen und Schiffe

- Wiederinkraftsetzung des sowjetisch-finnischen Friedensvertrages von 1940

- Rückführung der finnischen Truppen auf die darin festgelegten Grenzen

- Unverzügliche Freilassung der sowjetischen und alliierten Kriegsgefangenen

- Demobilisierung der Hälfte der Armee im Mai 1944

- Reduzierung auf Friedensstärke bis Juni

- 600 Millionen Dollar Schadensersatz in Waren innerhalb der nächsten fünf Jahre

- Rückgabe des 1920 überlassenen Petsamogebietes

- Verzicht der Sowjetunion auf das Pachtgebiet Hanko

---

[19] Zunächst über die sowjetische Botschafterin in Schweden, Kollontai, dann Ende März gegenüber den finnischen Unterhändlern Paasikivi und Enckell durch Molotow in Moskau.

Am 18.4.1944 lehnte die finnische Regierung diese Bedingungen noch einmal ab mit der Begründung, „die Existenz Finnlands als selbständiger Staat sei dadurch gefährdet" (Lehmann, 1989, S. 36). Hintergrund war die Spekulation, sich auch mit Hilfe der Westmächte aus dem Krieg herausziehen zu können und die Befürchtung schwerwiegender deutscher Gegenmaßnahmen (Menger, 1988, S. 186). Tatsächlich drohte Deutschland weiter mit Konsequenzen und stellte Ende Februar die Getreide-, Lebensmittel- und spezielle Waffenlieferungen ein (Lehmann, 1989, S. 36).

Die finnische Lage änderte sich erneut grundlegend mit den sowjetischen Offensiven auf der Karelischen Landenge (9. Juni 1944) und an der Karelischen Front (21. Juni 1944). Am 20.6.1944 erreichte die Rote Armee Viborg und konnte bis Ende Juni große Teile Ostkareliens zurückerobern (Lehmann, 1989, S. 37). Hier kam es letztmalig zu einer deutschen Unterstützung mit Truppen und Waffen, die aber an die Forderung nach einer schriftlichen Erklärung Finnlands gebunden wurden, keinen Separatfrieden ohne deutsche Zustimmung abzuschließen (Lehmann, 1989, S. 37f.).

Dieser Forderung wurde durch eine persönliche Erklärung Staatspräsident Risto Rytis gegenüber Hitler nachgekommen (Ribbentrop-Ryti-Pakt[20]), mit der sich jedoch nur der Präsident selbst verpflichtete. Der bewusst nicht befasste finnische Reichstag blieb auf diese Weise ungebunden und Ryti bekundete im Staatsrat ausdrücklich seine Bereitschaft, im geeigneten Moment zurückzutreten (Menger, 1988, S. 205).

Als Ende Juli 1944 alles okkupierte Gebiet befreit und die sowjetischen Truppen an der finnischen Grenze standen, war die „Armee zwar noch kampffähig, aber schwer angeschlagen" (Menger, 1988, S. 211f.). Von deutscher Seite war kein militärischer Beistand mehr zu erwarten und der Abbruch der diplomatischen

---

[20] Die Forderung wurde vom deutschen Außenminister Joachim von Ribbentrop am 22.6.1944 gegenüber Staatspräsident Risto Ryti erhoben. Dieser schrieb darauf nach einem  positiven Votum Mannerheims am 26.6.1944 an Hitler: „In Anbetracht der waffenbrüderischen Hilfe, die Deutschland Finnland in seiner gegenwärigen Situation gewährt, erkläre ich als Präsident des Staates, dass ich nur im Einvernehmen mit der deutschen Reichsregierung Frieden mit der Sowjetunion schließen und nicht zulassen werde, dass die von mir ernannten finnischen Regierungen oder sonstige Persönlichkeiten Waffenstillstands- oder Friedensbesprechungen oder diesem Zweck dienende Verhandlungen ohne Einvernehmen mit der deutschen Reichsregierung führen." (zitiert nach Menger, 1988, S. 205; ebenso: Lehmann, 1989, S. 38).

Beziehungen seitens der USA zeigte, dass kein Raum mehr für eine zugunsten Finnlands veränderte Kräftekonstellation in Europa bestand. In dieser Situation legte Ryti am 1.8.1944 das Amt des Staatspräsidenten nieder und Mannerheim wurde per Sondergesetz vom Reichstag zum Staatspräsidenten gewählt. Eine Bindung an den Ribbentrop-Ryti-Pakt, die an die Person Rytis gebunden war, bestand damit nicht mehr.

Die neue finnische Regierung unter Ministerpräsident Antti Hackzell und Außenminister Carl Enckell ersuchte über Schweden die Sowjetunion um Verhandlungen. Diese erklärte am 29.8.1944 hierzu ihre Bereitschaft unter der Voraussetzung des Abbruchs der Beziehungen zu Deutschland. Zugleich sollte Deutschland spätestens bis zum 15.9.1944 seine Truppen aus Finnland abziehen. (Menger, 1988, S. 222ff.)

Nachdem am 4./5.9.1944 die Kampfhandlungen zwischen finnischen und sowjetischen Truppen eingestellt wurden, kam es zu Verhandlungen in Moskau, die mit dem Waffenstillstand vom 19.9.1944 endeten, der u. a. folgende finnische Verpflichtungen enthielt (Lehmann, 1989, S.40), die später im Pariser Friedensvertrag von 1947 bestätigt wurden:

- Anerkennung des Friedensvertrages von 1940

- Entwaffnung und Auslieferung aller nach dem 15.9.1944 noch auf finnischem Boden befindlichen deutschen Truppen

- Rückgabe von Petsamo

- Übergabe der Halbinsel Porkkala (westlich von Helsinki, anstelle von Hanko) als Pachtgebiet an die Sowjetunion

- Reparationsleistungen in Höhe von 300 Millionen Dollar

- Bereitschaft zur Verurteilung der Kriegsschuldigen

- Einsetzung einer alliierten Kontrollkommission

Die Ålandinseln wurden erneut zur demilitarisierten Zone erklärt, da eine Besetzung durch die Sowjetunion eine akute Bedrohung für Schweden bedeutet hätte (Büttner, 2001, S. 110ff.)

Das finnische Ausscheiden aus dem Krieg bedeutete, dass die Sowjetunion über 40 Divisionen an anderen Kampfabschnitten einsetzen konnte, Leningrad nicht mehr bedroht war und der gesamte Nordwesten der Sowjetunion zu wirtschaftlicher Tätigkeit zurückkehren konnte. Über die Kontrolle des Finnischen Meerbusens und der Ålandinseln konnten die deutschen Erztransporte und die deutsche Flotte insgesamt behindert werden. (Büttner, 2001, S. 128)

## Der Lapplandkrieg 1944/45

Die deutsche 20. Gebirgsarmee, die gefechtsbereit mit ca. 220.000 Mann in Lappland stand, begann als Reaktion mit der Operation „Birke" (s.o.). Ziel war es, die Stellungen vor Murmansk zu halten, das Petsamogebiet weiterhin nach Osten abzuschirmen und zwei Korps von noch okkupiertem sowjetischem Gebiet nach Mittellappland abzuziehen, um von dort die Zugänge zum Meer und nach Nordnorwegen zu behaupten (Menger, 1988, S. 228ff.). Dabei erfolgten die Rückzugsbewegungen der deutschen Truppen nach Norden und die Angriffsoperationen der Finnen kampflos in gegenseitiger Absprache[21] (Operation „Herbstmanöver"), wodurch es zunächst zu einer Eskalationsvermeidung kam (Wegner, 1997).

Nach dem Waffenstillstand hatte dieser „Scheinkrieg" (Lehmann, 1989, S. 41) ein Ende[22] und es begann auch mit Unterstützung sowjetischer Truppen die gewaltsame Vertreibung der deutschen Truppen aus Finnland. Zum ersten bewaffneten Zusammenstoß kam es im Raum Tornio, den die Deutschen bis Mitte Oktober halten sollten. Die finnische Landung in Tornio markierte den „endgültigen Bruch zwischen Finnland und Hitlerdeutschland" (Menger, 1988,

---

[21] In Verhandlungen zwischen dem Kommandanten der 20. Gebirgsarmee, Rendulic, und Oberstleutnant Haahti in Rovaniemi wurden Absprachen über die Absetzlinien getroffen, in deren Rahmen die Finnen die deutschen Truppen nach Norden „drücken" durften. (Menger, 1988, S. 234). Ähnlich auch Nousiainen et al. (2002, S. 37) über den Abschluss einer geheimen Vereinbarung, wonach „die Deutschen von Zerstörungen absehen und die Finnen den Abzug der Deutschen auch nach dem 15.9. erleichtern würden."

[22] Nevakivi (1993) zufolge wurde Mannerheim von der auf Grundlage des Waffenstillstandsvertrages unter Shdanow eingerichteten Kontrollkommission gezwungen, die sich zurückziehenden Deutschen zu verfolgen.

S. 241), die von deutscher Seite mit einer Strategie der verbrannten Erde[23] beantwortet wurde (vollständige Zerstörung Rovaniemis und weiter Teile Lapplands). Am längsten leisteten die deutschen Truppen im Nordwesten Finnlands Widerstand (sogenannte „Sturmbockstellung"), bevor am 25.4.1945[24] die letzten deutschen Soldaten Finnland verließen. (Lehmann, 1989, S. 41)

---

[23] Mannerheim (1952, S.536) „Die Deutschen zogen sich zurück, unterminierten die Landstraßen und zerstörtem auf ihrem Wege alles, jede kleine Brücke und jeden Durchlass, ganz zu schweigen von den großen Eisenbahnbrücken über die mächtigen Ströme Nordösterbottens. Unter diesen Umständen konnte die Verfolgung nur langsam vonstatten gehen, und je weiter man kam, desto größer wurden die Nachschubschwierigkeiten."

[24] Nousiainen et al. (2002, S.37) nennen hierfür den 27.4.1945

# Bewertung der finnischen Handlungsmöglichkeiten

Nachdem in den beiden vorangegangenen Abschnitten zunächst die Interessenlage Finnlands, Deutschlands und der Sowjetunion und anschließend der Verlauf des Krieges in und um Finnland dargestellt wurde, soll nunmehr der Frage nachgegangen werden, welche Handlungsmöglichkeiten Finnland im Spannungsfeld der Großmachtinteressen Deutschlands und der Sowjetunion hatte. Die finnischen Optionen im Winterkrieg und im Lapplandkrieg werden dabei nur kurz gestreift, der Schwerpunkt der Betrachtungen liegt auf dem Eintritt und der Beendigung des Fortsetzungskrieges. Daraus sollen sich letztlich Hinweise auf Antwortversuche, warum Finnland weder besetzt noch sowjetisiert wurde, ergeben.

## Winterkrieg

Der Winterkrieg ist vor allem im Zusammenhang mit dem Hitler-Stalin-Pakt zu sehen (Wegner, 1997), durch den Finnland der Interessensphäre der Sowjetunion zugeschlagen wurde. Vor diesem Hintergrund hatte die Sowjetunion gewissermaßen freie Hand, Druck auf Finnland auszuüben. Die einzige Alternative für Finnland wäre in dieser Situation gewesen, den territorialen und sonstigen Forderungen der Sowjetunion nachzugeben, die es dann ja im Moskauer Friedensvertrag erfüllen musste. Allerdings haben die Gespräche Molotows in Berlin vom November 1940 gezeigt, dass die Sowjetunion die Angelegenheit damit noch nicht als abgeschlossen betrachtete, sondern weitergehende Forderungen hegte, die dann aber auf deutschen Widerstand stießen.

## Eintritt in den Fortsetzungskrieg

Im Jahre 1941 hatte Finnland angesichts der sich zuspitzenden und auf einen Krieg hinsteuernden Konfrontation zwischen dem nationalsozialistischen Deutschland und der Sowjetunion prinzipiell drei Handlungsoptionen (Hentilä, 2005):

- Beitritt zum Krieg Deutschlands gegen die Sowjetunion

- Bündnis mit der Sowjetunion

- Neutralität

Ein Bündnis mit der Sowjetunion sei jedoch angesichts des vorangegangenen Winterkrieges und seines Ergebnisses „nicht einmal theoretisch möglich" gewesen und eine neutrale Haltung hätte wahrscheinlich dazu geführt, dass Finnland zum Schlachtfeld zwischen den Deutschen und der Roten Armee geworden wäre, weil Deutschland „für die Verwirklichung der Operation „Barbarossa" auf der nordischen Flanke finnisches Territorium unbedingt brauchte" (Hentilä, 2005). Für eine neutrale Haltung gab es angesichts der Besetzung Dänemarks und Norwegens auch keine Partner mehr. Vor diesem Hintergrund hätte Finnland nur noch die Wahl „zwischen dem Teufel und dem Satan" (Hentilä, 2005) gehabt.

Auch Salewski (1979, S. 376) stellt die Frage, ob „das durch den Winterkrieg physisch und militärisch geschwächte Finnland überhaupt noch in der Lage" war, „seine Neutralität aufrechtzuerhalten oder geriet es par la force des choses in das Fahrwasser der deutschen Außenpolitik und ihrer aggressiven Zielsetzungen?" Damit stelle sich letztlich die Frage nach der politischen Verantwortung.

In der finnischen Geschichtsschreibung war dann auch lange die „Treibholztheorie" (Korhonen, 1961) maßgeblich für die Erklärung des finnischen Verhaltens bei Eintritt in den Fortsetzungskrieg. Mit dieser Metapher, die auf den deutschen Gesandten von Blücher[25] zurückgeht, soll ausgedrückt werden, dass „Finnland als kleines Land und infolge seiner geographischen Lage einfach nichts anderes sein kann als ein Spielball der Großmächte" (Saarinen, 1975, S. 46f.). Grundstein dieser Erklärung war die Behauptung, die politische und militärische Führung Finnlands hätte im Frühjahr und Sommer 1941 völlig passiv gehandelt, so dass das Land ohne ihre aktive Mitwirkung in den Krieg gezogen worden wäre. Damit sollte die politische und militärische

---

[25] Saarinen (1975) zitiert von Blücher (1951, S. 230) mit den Worten: „In der Turbulenz der großen Politik wurde Finnland dahingerissen wie das Treibholz auf den reißenden finnischen Flüssen."

Führung des Landes von der Verantwortung der Waffenbrüderschaft mit Hitler freigesprochen werden (Hentilä, 2007).

Bis weit in die sechziger Jahre hinein befasste sich außer Korhonen kein finnischer Historiker mit der Politik der verantwortlichen Stellen in den Jahren 1940/41. Zunächst wurde die Treibholztheorie von außerhalb Finnlands kritisch betrachtet und schrittweise widerlegt[26], insbesondere durch Krosby (1969) auf umfangreicher Quellengrundlage. Dabei wurde nachgewiesen, „dass die finnischen Staatsführung völlig bewusst in der schwierigen Situation 1940/41 ihre Seite gewählt hatte und in diesem Sinne kein Treibholz war" (Hentilä, 2007). Später haben finnische Historiker, vor allem Mauno Jokipii (1987) die Treibholztheorie Stück für Stück widerlegt.

Gleichwohl stellt sich auch bei Annahme eigenständigen Handelns der finnischen Führung die Frage, welche Handlungsoption unter rationalen Gesichtspunkten die beste bzw. das „kleinste Übel" war. Dazu ist noch einmal auf die Gesamtlage der Jahre 1940/41 zu betrachten: finnische Niederlage gegen die Sowjetunion mit umfangreichen Gebietsabtretungen, anhaltender Druck der Sowjetunion auf Finnland, militärische Erfolge Deutschlands, insbesondere die Besetzung Dänemarks und Norwegens, Neutralität Schwedens und Nichtunterstützung Finnlands seitens der mit der Sowjetunion gegen Deutschland verbündeten Westalliierten.

So trug das „aggressiv-unfreundliches Verhalten der Sowjetunion … wesentlich zu den finnischen außenpolitischen Entscheidungen bei" (Salewski, 1979, S. 377). Finnland rückte „zwangsläufig an die Seite dessen, der es 1939 verraten hatte: an die Seite Hitler-Deutschlands" (Reichel, 2006). Dabei ging es der finnischen Führung nicht um die „weltanschauliche Dimension" des Krieges, einzig der Antikommunismus verband hier vielleicht mit Nazideutschland, sondern um eine Fortsetzung des Winterkrieges mit dem vorrangigen Ziel der Rückgewinnung verlorener Gebiete (Reichel, 2006).

Für diese Annahme kann auch das tatsächliche finnische Vorgehen während des Krieges (kein Angriff auf Leningrad und die Murmanbahn trotz entsprechender

---

[26] Saarinen (1975) und Hentilä (2007) nennen hier zunächst Charles Lundin (1957), gegen den aber der Vorwurf erhoben wurde, keine gründlichen Quellenstudien betrieben zu haben und Anthony Upton (1965).

deutscher Forderungen) und der Nichtabschluss eines formellen Bündnisses mit Deutschland angeführt werden (Hentilä, 2007). Offen bleibt die Frage, wie Finnland vorgegangen wäre, wenn die deutschen Angriffe auf sowjetische Ziele erfolgreicher verlaufen wären (hierzu Baryshnikov, 2005).

Selbst Jokipii (1997), der als erster finnischer Autor die Treibholztheorie widerlegt hat, kommt zu dem Ergebnis: „Man kann wohl sagen, dass Finnland 1941 in einen Krieg hineingeschlittert[27] ist, von dessen wirklich geplantem Charakter es keine Ahnung hatte."

Zusammenfassend lässt sich zum Kriegseintritt 1941 sagen, dass Finnland zwar sehr wohl eigenständige Handlungsmöglichkeiten hatte, diese letztendlich aber angesichts der Gesamtlage stark eingeschränkt waren. Letztendlich bleibt spekulativ, ob ein Heraushalten aus dem sowjetisch-deutschen Konflikt nicht vielleicht doch möglich gewesen wäre bzw. welche Folgen er gehabt hätte.

## Ausscheiden aus dem Fortsetzungskrieg

Spätestens nach der deutschen Niederlage von Stalingrad hatte die finnische Führung erkannt, dass ein Sieg an der Seite Deutschlands nicht mehr möglich war und begann, auf einen Austritt aus dem Krieg hinzuarbeiten. Dabei stand Finnland „zwischen Skylla deutscher Rache und der Charybdis russischer Gewalt" (Salewski, 1979, S. 388).

Der Austritt aus dem Fortsetzungskrieg erfolgte „genau in dem Moment, als Deutschland zu Sanktionen gegenüber Finnland nicht mehr in der Lage war, aber noch stark genug, um die Aufmerksamkeit der Sowjetunion zu fesseln und den Kriegsaustritt Finnlands zu einem Wert zu machen" (Wegner, 1997, mit fast gleichen Worten auch Büttner, 2001, S. 91).

---

[27] Saarinen (1975) verweist auf Ähnlichkeiten zwischen der finnischen Treibholztheorie und der deutschen Debatte über die „Kriegsschuldfrage" des Jahres 1914, in der auch die Worte des englischen Außenministers Grey, Deutschland und die anderen europäischen Staaten seien „in den Krieg geschlittert", eine wichtige Rolle spielte.

## Die Nichtbesetzung und Nichtsowjetisierung Finnlands

Aus dem Zeitpunkt der Beendigung des Fortsetzungskrieges und den Regelungen des Waffenstillstands vor dem Hintergrund der militärischen Lage in der zweiten Hälfte des Jahres 1944 ergibt sich auch ein Erklärungsansatz, warum Finnland anders als andere mit Deutschland verbündete oder okkupierte Staaten nicht von der Sowjetarmee besetzt wurde.

Für Büttner (2001, S. 128ff.) sprach der Verlauf des Krieges, der den Abzug sowjetischer Truppen für den Vormarsch nach Berlin notwendig machte[28], gegen eine Besetzung Finnlands. Auch sei zur Wahrung der strategischen Interessen an Finnland und am Finnischen Meerbusen die Einrichtung militärischer Stützpunkte, wie sie im Waffenstillstandsvertrag geregelt waren, ausreichend gewesen. Außerdem hätte die Sowjetunion bei einer Okkupation Finnlands oder der Ålandinseln damit rechnen müssen, dass sich Schweden, dessen neutraler Status für die sowjetische Sicherheit im Norden von großer Bedeutung war, stärker dem Westen anschlösse. Damit habe die Sowjetunion auch einen *imperial overstretch* in Skandinavien vermieden.

Auch Nevakivi (1994) verweist auf die Verlagerung sowjetischer Truppen an andere Kriegsschauplätze, wodurch die Sowjetunion zu einer Eroberung Finnlands nicht mehr fähig gewesen sei. Offen bliebe, ob auf weiteren militärischen Druck verzichtet wurde, weil heftiger finnischer Widerstand zu erwarten gewesen wäre. Zur Erklärung könnte auch herangezogen werden, dass keine Intervention anderer ausländischer Mächte in diesem Bereich der Welt zu erwarten gewesen wären.

Ähnlich argumentiert auch Troebst (1998), der zudem auf die Dominanz der Sowjetunion in der alliierten Kontrollkommission, in der die Westalliierten nur eine marginale Rolle gespielt hätten, verweist. Deshalb hätte hier „kein Argwohn der Sowjetunion" bestanden, weshalb keine präventiven Interventionen erfolgt seien. Insgesamt hätte die Sowjetunion bezüglich

---

[28] Büttner (2001, S. 128) spricht von „über 40 Divisionen", Nevakivi (1994) von „etwa der Hälfte der in Finnland konzentrierten 55 Divisionen"

Finnlands vier Optionen gehabt, die auch alle – so seine These - zwischen 1939 und 1948 tatsächlich verfolgt worden:

- Baltisches Modell: Anschluss Finnlands an die Sowjetunion in Form einer Finnischen Sowjetrepublik (wie 1940 Estland, Lettland und Litauen)

- Volksdemokratisches Modell: Errichtung eines nominell unabhängigen Sowjetfinnland unter der Kontrolle einer gleichgeschalteten finnischen KP (wie in Ostmittel- und Südosteuropa)

- Tschechoslowakisches Modell: scheinlegal-parlamentarische Machtübernahme der Kommunisten ohne Beteiligung oder Präsenz sowjetischer Truppen

- selbständiges, neutrales Finnland mit Mehrparteiensystem, jedoch eingeschränkter Souveränität in der Außen- und Verteidigungspolitik mit weitreichenden Sicherheitsgarantien für die Sowjetunion

Nach der Entscheidung vom Sommer 1944, Finnland nicht zu besetzten, sei ein „volksdemokratisches" Modell obsolet geworden. Die dritte Option wäre die Machtübernahme durch die finnischen Kommunisten gewesen, die sich aber aufgrund innerer Zerrissenheit, taktischer Naivität und glückloser Personalpolitik innenpolitisch ins Aus manövriert hätten. Am Ende sei es zu einer speziellen finnischen Lösung[29] gekommen, dem Vertrag über Freundschaft, Zusammenarbeit und gegenseitigen Beistand vom 6. April 1948. Anders als die Verträge mit den osteuropäischen „Volksdemokratien" enthielt dieser keine allgemeine Beistandsverpflichtung und keine außenpolitische Konsultationsklausel. Stattdessen „wurde hier erfolgreich Sicherheit gegen System- und Souveränitätserhalt gehandelt" (Troebst, 1998, S. 188).

---

[29] In der deutschen Debatte wurde dies dann auch von konservativen Kräften als Negativbeispiel herangezogen und polemisch von „Finnlandisierung" gesprochen. (vgl. Bohn, 2005, S. 259, dort auch ein Bezug zur Treibholztheorie)

## Lapplandkrieg 1944/45

Auch im Lapplandkrieg bemühte sich die finnische Führung zunächst darum, eine unnötige Eskalation im Verhältnis zu den deutschen Truppen zu vermeiden, indem deren Abzug gewissermaßen „Zug um Zug" erfolgte. Erst durch massives Drängen der Sowjetunion – formal der alliierten, allerdings von der Sowjetunion dominierten, Kontrollkommission – auf Erfüllung des Waffenstillstandsvertrages wurde Finnland gezwungen, die noch im Lande befindlichen deutschen Truppen gewaltsam zu vertreiben. Insofern kann auch hier das Bemühen um eigenständiges Handeln unter restriktiven Rahmenbedingungen festgestellt werden.

## Zusammenfassung

Nach den Betrachtungen des vorigen Abschnittes ist zum Verhalten Finnlands während der drei Kriege im Verlauf des Zweiten Weltkrieges zusammenfassend festzuhalten (siehe auch Wegner, 1997):

- Der Winterkrieg konnte vor einer Besetzung des Landes beendet werden

- Im Fortsetzungskrieg wurden Offensivhandlungen, die über die Rückeroberung der im Winterkrieg verlorenen Gebiete und deren strategische Sicherung hinausgingen, nicht vorgenommen bzw. eingestellt (kein Angriff auf Leningrad oder die Murmanbahn)

- Der Austritt aus dem Fortsetzungskrieg erfolgte genau im richtigen Moment, als Deutschland militärisch geschwächt, aber noch stark genug war

- Im Lapplandkrieg konnte zunächst durch die Absprachen mit den sich zurückziehenden deutschen Truppen eine Eskalation noch verhindert werden

Insgesamt war Finnland im Gesamtverlauf des Zweiten Weltkrieges damit „eher Objekt als Subjekt der internationalen Politik", jedoch hat die finnische Regierung ihren „vergleichsweise geringen politischen Handlungsspielraum im Großen und Ganzen sehr klug genutzt" (Wegner, 1997).

Insbesondere die Tatsache, dass eine Besetzung des Landes sowohl im Winterkrieg als auch im Fortsetzungskrieg verhindert werden konnte, führte dazu, dass Finnlands Gesellschaftssystem auch nicht nach sowjetischem Vorbild umgestaltet wurde. Nach 1945 erfolgte eine – angesichts vorhandener Stützpunkte und einer Demobilisierung der finnischen Armee – militärisch immer noch mögliche Besetzung durch die Sowjetunion nicht mehr, weil Finnland sonst zu einem weiteren Brennpunkt des Kalten Krieges geworden wäre, wodurch die Beziehung der Sowjetunion zu den Westmächten weiter belastet und die schwedische Neutralität gefährdet worden wäre (Troebst, 1998).

Inwieweit die Erklärung der Nichtbesetzung und damit Nichtsowjetisierung Finnlands durch den Zeitpunkt der Beendigung des Fortsetzungskrieges ausreichend ist, ist aber nach wie vor streitig. Nevakivi (1994) spricht vom „miracle (of the) survival of Finland after World War II" und auch Troebst (1998) am Ende seines Artikels von der „noch unbekannten Antwort auf die Frage nach der hinter der Entscheidung vom Sommer 1944 stehenden Interessenabwägung". Möglicherweise hätte es auch eine bewusst differenzierte Vorgehensweise seitens der Sowjetunion gegeben, die mit Stalins Bild von Finnland, seiner Bevölkerung und seiner politischen Klasse zusammenhingen.

Neben den hier primär herangezogenen militärischen und den sich aus dem Kriegsverlauf ergebenden politischen Aspekten wären dabei die Planungen und die Realisierung der politischen und wirtschaftlichen Einflussnahme auf Finnland nach dem Kriege zu untersuchen, wie es Büttner (2001) in Auswertung sowohl russischen als auch finnischen Archivmaterials getan hat.

# Literaturverzeichnis

## Quellen und Quellensammlungen

Blücher, Wipert von, Gesandter zwischen Diktatur und Demokatie. Erinnerungen aus den Jahren 1935-44, Wiesbaden 1951. *)

Hofer, Walther, Der Nationalsozialismus. Dokumente 1933 – 1945, Fischer Taschenbuch Verlag, Frankfurt/M. 1977.

Mannerheim, Gustav, Erinnerungen, Atlantis Verlag, Zürich, Freiburg/Br. 1952.

Sontag, Raymond S. and James Stuart Beddie, Nazi-Soviet Relations 1939-1941. Documents from the archive of The German Foreign Office, Department of State 1948.

## Monografien und Zeitschriftenaufsätze

Baryshnikov, Nikolai Ivanovich, Mannerheim without the mask 1940-1944, Johan Beckman Institute, Helsinki, St. Petersburg 2005.

Bohn, Ingrid, Finnland. Von den Anfängen bis zur Gegenwart, Verlag Friedrich Pustet, Regensburg 2005.

Büttner, Ruth, Sowjetisierung oder Selbständigkeit? Die sowjetische Finnlandpolitik 1943 – 1948, Hamburger Beiträge zur Geschichte des östlichen Europa 8, Verlag Dr. Kovač, Hamburg 2001.

Krosby, Hans Peter, Finland, Germany and the Soviet Union 1940 – 41, Wisconsin University Press 1969. *)

Lundin, Charles, Finland in the Second World War, Indiana University Press, Bloomington 1957. *)

Menger, Manfred, Deutschland und Finnland im Zweiten Weltkrieg. Genesis und Scheitern einer Militärallianz, Militärverlag der Deutschen Demokratischen Republik, Berlin 1988.

Nevakivi, Jukka, A decisive armistice 1944-1947: Why was Finland not sowjetized? Scandinavian Journal of History, 19, 1994, S. 91-115.

Nousiainen, Pentti, Pia Puntanen und Iikka Seppinen, Päämajamuseo (Hauptquartiersmuseum), Mikkeli 2002.

Upton, Anthony, Finland in Crisis 1940-1941, Cornell University Press, Ithaca 1965. *)

Reichel, Klaus, An Hitlers Seite, Die Zeit 2.3.2006.

Saarinen, Hannes, Die finnische „Treibholztheorie", Nordeuropa, 8, 1975, S. 39-48.

Salewski, Michael, Staatsräson und Waffenbrüderschaft, Probleme der deutsch-finnischen Politik 1941 – 1944, Vierteljahreshefte für Zeitgeschichte, 27, 1979, S. 370-391.

Schweitzer, Robert, Finnland und Deutschland, in: Robert Bohn (Hrsg.), Deutschland, Europa und der Norden, Historische Mitteilungen der Ranke-Gesellschaft, Franz Steiner Verlag, Beiheft 6, Stuttgart 1993, S. 13 – 33.

Troebst, Stefan, Warum wurde Finnland nicht sowjetisiert? Scandinavian Journal of History, Osteuropa, 48, 1998, S. 178-191.

Wegner, Bernd, Hitlers Besuch in Finnland. Das geheime Tonprotokoll seiner Unterredung mit Mannerheim am 4. Juni 1942, Vierteljahreshefte für Zeitgeschichte, 41, 1993, S. 117-137.

**Tagungsbände, Vorträge**

Hentilä, Seppo, Im Schatten der Waffenbrüderschaft, Eröffnungsvortrag im deutsch-finnischen Kolloquium "Im Schatten der Waffenbrüderschaft", Finnland-Institut in Deutschland in Zusammenarbeit mit dem Nationalarchiv Finnlands am 27.10.2005. http://www.valt.helsinki.fi/blogs/shentila/post22.html (07.03.2007)

Hentilä, Seppo, Die finnische Vergangenheitspolitik im Kalten Krieg zwischen Sowjetunion und dem Westen – War die finnische Geschichtsschreibung finnlandisiert? , Vortrag auf der Tagung „Deutschland – Skandinavien: Vergangenheitspolitik und Erinnerungskulturen im Schatten der Kriegserfahrungen (1940–1945)", Historisches Seminar der Christian-Albrechts-Universität, Kiel, 18./19. Mai 2007. http://www.valt.helsinki.fi/blogs/shentila/post-38.htm (15.12.2007)

Jäntti, Ahti und Marion Holtkamp (Hrsg.), Schicksalsschwere Zeiten. Marschall Mannerheim und die deutsch-finnischen Beziehungen 1939-1945. Vorträge des am Finnland-Institut in Deutschland, Berlin, abgehaltenen Symposiums vom 16. Oktober 1995, Schriftenreihe des Finnland-Instituts, Berlin Verlag, Arno Spitz GmbH, Berlin 1997.

Jokipii, Mauno, Finnland und der Zweite Weltkrieg – eine historische Ortsbestimmung, in: Jäntti, Ahti und Marion Holtkamp (Hrsg.), Schicksalsschwere Zeiten. Marschall Mannerheim und die deutsch-finnischen Beziehungen 1939-1945. Vorträge des am Finnland-Institut in Deutschland, Berlin, abgehaltenen Symposiums vom 16. Oktober 1995, Schriftenreihe des Finnland-Instituts, Berlin Verlag, Arno Spitz GmbH, Berlin 1997.

Lehmann, Günter, Finnland – Militärpolitik im Schatten einer Großmacht, Konspekt eines Vortrages, gehalten im Dezember 1989 aus Anlass des 50. Jahrestages des Winterkrieges zwischen der UdSSR und Finnland, vor den Mitarbeitern der Botschaft der DDR in Finnland. http://www.sicherheitspolitik-dss.de/gaeste/g1891200.htm (07.08.2006)

Menger, Manfred und Dörte Putensen (Hrsg.), Finnland und Deutschland. Forschungen zur Geschichte der beiden Länder und ihrer Beziehungen. Protokollband des dritten deutsch-finnischen Historikerseminars auf Schloß Spyker (Rügen) vom 15. bis 19. September 1993, Verlag Dr. Kovac, Hamburg 1996.

Nevakivi, Jukka, Die Gespräche zwischen Mannerheim und Shdanow und die finnisch-deutschen Beziehungen in den Jahren 1944 und 1945, in: Menger, Manfred und Dörte Putensen (Hrsg.), Finnland und Deutschland. Forschungen zur Geschichte der beiden Länder und ihrer Beziehungen. Protokollband des dritten deutsch-finnischen Historikerseminars auf Schloß Spyker (Rügen) vom 15. bis 19. September 1993, Verlag Dr. Kovac, Hamburg 1996, S. 137-143.

Wegner, Bernd, Kommentar zum Vortrag von Mauno Jokipii, in: Jäntti, Ahti und Marion Holtkamp (Hrsg.), Schicksalsschwere Zeiten. Marschall Mannerheim und die deutsch-finnischen Beziehungen 1939-1945. Vorträge des am Finnland-Institut in Deutschland, Berlin, abgehaltenen Symposiums vom 16. Oktober 1995, Schriftenreihe des Finnland-Instituts, Berlin Verlag, Arno Spitz GmbH, Berlin 1997.

## Finnischsprachige Literatur

Jokipii, Mauno, *Jatkosodan synti. Tutkimutsia Saksan ja Suomen sotilaalisesta yhteistyöstä 1940 – 41* (Die Entfesselung des Fortsetzungskrieges. Untersuchungen zur deutsch-finnischen militärischen Zusammenarbeit), Helsinki 1987. *)

Korhonen, Arvi, 1961, *Barbarossa-suunnitelma ja Suomi* (Der Barbarossa-Plan und Finnland), Porvoo 1961. *)

## Artikel aus Wikipedia **)

Finnische Ostkriegszüge
http://de.wikipedia.org/wiki/Finnische_Ostkriegsz%C3%BCge_1918%E2%80%931920

Fortsetzungskrieg http://de.wikipedia.org/wiki/Fortsetzungskrieg

Winterkrieg http://de.wikipedia.org/wiki/Winterkrieg

*) Diese Literatur wurde nicht direkt ausgewertet, sondern aufgrund von Zitaten an anderer Stelle einbezogen. Dabei handelt es sich um finnischsprachige Standardliteratur zur sogenannten „Treibholztheorie", die mangels Sprachkenntnissen nicht direkt zugänglich war sowie um die außerfinnische und finnische Reaktion hierauf.

**) Aus Wikipedia wurden die vier im Text abgebildeten Karten entnommen.

**Matthias Sühl (2010): Finnlands Außenpolitik nach dem ersten Weltkrieg. Vom neuen Staat zum isolierten Land im Winterkrieg und zum Waffenbruder des Dritten Reiches**

# Einleitung

Mit der russischen Revolution vom März 1917 bekam Finnland seinen autonomen Sonderstatus wieder.[30] Innerhalb des Landes spalteten sich die Meinungen. Die Stimmen teilten sich auf in die Lager derer, die trotzdem im Verbund mit Russland verbleiben wollten, nachdem dies in dieser Konstellation im vorhergehenden Jahrhundert funktionierte und jenen, die sich vom Zarenreich abtrennen wollten.[31] Es kam in Finnland zu einem Bürgerkrieg zwischen den Weißen und den Roten, jeweils unterstützt von den Deutschen und den Russen.[32] Genau wie im späteren Fortsetzungskrieg, mit dem das Land die Verluste nach dem Winterkrieg revidieren wollte, stand der Staat in Verbindung zu Deutschland.[33] General Mannerheim, die Leitfigur in der Bevölkerung, überbrückte durch seine Abneigung gegenüber den Kommunisten sein Unverständnis für die gegenwärtige Deutschlandfreundlichkeit.[34] Bis hin zu den Zeiten des Zweiten Weltkrieges versuchte sich Finnland außenpolitisch zu orientieren und zu etablieren.[35] Die vorliegende Arbeit soll sich in ihren Kapiteln dabei dem Fragekomplex widmen, wie Finnland seine Außenpolitik gestaltete, sie umsetzte und schließlich später als isolierter Staat zu Zeiten des Zweiten Weltkrieges trotz massiven Bedrohungen seine Unabhängigkeit beibehalten konnte.

Der Text soll aufzeigen, dass Finnland vor allem im Umgang mit seinen Nachbarstaaten lediglich als kleine politische Einheit wahrgenommen, behandelt und somit letztendlich auch unterschätzt wurde. Es wird dargestellt, wie der Staat in seiner jungen Geschichte auch auf der Weltbühne versuchte Fuß zu

---

[30] Klinge, Matti: Geschichte Finnlands im Überblick, Helsinki 1995, S.117.

[31] Ebd., S.117.

[32] Ebd., S.118ff.

[33] Bohn, Ingrid: Finnland. Von den Anfängen bis zur Gegenwart, Regensburg 2005, S.221.

[34] Singleton, Fred: A Short History of Finland, Cambridge 1991, S.127.

[35] Vgl. Jussila, Osmo/Hentilä, Seppo/Nevakivi, Jukka: Vom Großfürstentum zur Europäischen Union. Politische Geschichte Finnlands seit 1809, Berlin 1999, S.157ff.

fassen. Ebenso wird Aufschluss gegeben, wie es zur Abgrenzung kam und schließlich zum erzwungenen Krieg gegen die Sowjetunion und die daraus resultierende Kooperation mit dem Deutschen Reich unter Hitler. Auf eine detailreiche Darstellung der Kämpfe wird dabei weitestgehend verzichtet.

Der Schwerpunkt des Textes soll auf der Beziehung zu den Deutschen und den Russen liegen, welche jene Auseinandersetzungen letztlich bedingten. Das erste Kapitel gibt eine kurze Einführung zur außenpolitischen Orientierung Finnlands. Daraufhin werden die wichtigsten Punkte der Beziehungen zu Deutschland und Russland während der finnischen Neutralitätspolitik beleuchtet, um schließlich den ersten Konflikt in Form des Winterkrieges inhaltlich zu umreißen. Danach muss noch auf den Fortsetzungskrieg und sein Zustandekommen eingegangen werden, da dieser nicht nur dem Namen nach jenem Konflikt entsprang und hier als unausweichliche Folge der Weltkriegslage ebenso zum Komplex der außenpolitischen Zwischenkriegszeit herangezogen wird. Um einer Sprengung des Umfangs Vorbeuge zu leisten, werden weitere Informationen rund um das Thema per Literaturangaben am Ende nachgereicht. Davor wird im letzten Kapitel ein Überblick über die gesammelten Daten und die erarbeiteten Ergebnisse gegeben, um zu einem abschließenden Kommentar zu kommen.

# Finnlands Außenpolitik als neuer Staat

Einleitend zu den wichtigen Punkten der finnischen Politik gegenüber Deutschland und der Sowjetunion soll kurz erläutert werden, inwiefern sich Finnland außenpolitisch orientieren wollte. Die drei wichtigsten Stationen sind dabei die Rand- bzw. Grenzstaatenpolitik, die Völkerbundpolitik sowie die Suche nach einer Skandinavischen Linie.

Die Grenzstaatenpolitik wurde gemeinsam mit Estland, Lettland und Litauen bereits vor den Dorpater Friedensverhandlungen im Oktober 1919 begonnen. Bereits vor Vertragsschluss wollten sich die vier Staaten auf eine gemeinsame Linie für diese verständigen. Ähnliche Gespräche kamen auch zwischen Finnland und Polen zustande, die jedoch aufgrund des polnisch-sowjetischen Krieges fallen gelassen wurden. Die Warschauer Konferenz vom März 1922 führte zu der Einigung auf politische und wirtschaftliche Zusammenarbeit der Grenzstaaten. Letztlich aber wollte der finnische Reichstag den Vertrag nicht unterzeichnen. Er kam zum Scheitern und der mehrmalige Außenminister Holsti trat zurück.[36] Ein Grund für das Nichtzustandekommen des Paktes waren innenpolitische Querelen in Finnland. Das Abkommen in seiner Vertragsform schien vielen Politkern, vor allem der Linken, nicht kongruent mit der vereinbarten Neutralitätspolitik sowie antisowjetisch ausgerichtet. Noch Jahre später hatte die Idee der Grenzstaatenpolitik bestand, jedoch wollte man den östlichen Nachbarn, der immer mehr wieder erstarkte, nicht unnötig provozieren.[37]

Weiterhin versuchte sich Finnland über den Völkerbund außenpolitisch in Stellung zu bringen. Hier engagierte sich Helsinki etwa von 1922 bis 1935. 1927 wurde Finnland sogar für drei Jahre in den Rat des Völkerbundes aufgenommen. Dennoch hatte die Regierung kein großes Vertrauen in diesen Schritt und bereits Anfang der Dreißiger Jahre sollte der Einfluss des Bundes stark abnehmen.

---

[36] Jokipii, Mauno: Finnland und Deutschland im 20.Jahrhundert, Kuopio 1994, S.14f.

[37] Puntila, Lauri Aadolf: Politische Geschichte Finnlands. 1809-1977, Helsinki 1980, S.146.

Japan zum Beispiel, welches kriegerische Aktivitäten ausgelöst hatte, konnte nicht gebändigt werden, ebenso verlor er mit dessen Austritt und jenem Deutschlands an Substanz. Die übrigen Mitgliedstaaten hielten das Bündnis zwar aufrecht, vertrauten aber selber nicht mehr in seine Unterstützungsfähigkeiten.[38]

Als ein letztes Mittel ersuchte Finnland die gemeinsame Arbeit auf nordischer Linie. Vor allem mit Schweden sollte verhandelt werden. Wie immer war Finnland dabei der Erhalt der Neutralität wichtig. So sollte ein geplantes militärisches Bündnis ähnlich den Punkten des Völkerbundes entsprechen. Die Hilfe für ein grundlos angegriffenes Land sollte dabei nicht automatisch zum eigenen Neutralitätsverlust führen. Ein von beiden Ländern konzipiertes Konzept schaffte es allerdings von der Verschriftlichung nie zur politischen Akzeptanz.[39] Ebenso scheiterte die gemeinsame Planung im Bezug zur Befestigung der Åland-Inseln. Finnland empfand, wie noch im übernächsten Punkt besprochen wird, die Sowjetunion als größte Gefahr, Schweden das Deutsche Reich. Beide mussten damit rechnen, dass eine der gefürchteten Mächte im schlimmsten Fall die Inselgruppe leicht besetzen könne. So wurde Anfang 1939 das Stockholmer Protokoll, der Plan zur Verteidigung der Inseln, unterzeichnet. Nur die Sowjetunion weigerte sich dieses zu akzeptieren und so konnte der Völkerbund darüber nicht abstimmen. Schweden nahm nach dem Scheitern Abstand von den gemeinsamen Plänen.[40]

Trotz vieler Bemühungen und einer teilweise sehr gut bedachten Idee der Neutralitätspolitik schaffte Finnland es nicht, die kleinen Nachbarstaaten oder andere europäische Länder politisch an sich zu binden. Im Fokus der Zwischenkriegszeit und darüber hinaus sollten immer die Beziehungen zu Deutschland und zur Sowjetunion stehen. Die beiden Unterpunkte des nächsten Kapitels werden hierzu Aufschluss geben.

---

[38] Jokipii: Finnland und Deutschland im 20.Jahrhundert, S.16.

[39] Ebd., S.16f.

[40] Jussila/Hentilä/Nevakivi,: Politische Geschichte Finnlands seit 1809, S.198f.

# Finnlands Neutralitätspolitik vor dem Winterkrieg

## Politik in Bezug auf Deutschland

Bereits in der Einleitung wurde vorgegriffen, dass die finnische Außenpolitik stark durch die verschiedenartigen Beziehungen zu Deutschland und zur Sowjetunion geprägt wurde. Die beiden ausgetragenen Kriege standen in genauer Relation zu den beiden Mächten. Das Verhältnis der Finnen zu den Deutschen, speziell zur Kriegszeit, wird fast immer auf die eingangs erwähnte Verbindung reduziert, die zur ersten Zeit der Unabhängigkeit bestand. Allzu oft wird auf eine Trennung zwischen einer abgelaufenen und einer als freundschaftlich anzusehenden Zusammenarbeit sowie einer erneuten Kooperation auf militärischer Basis verzichtet.[41] Dieses schließt aber auf gar keinen Fall aus, dass neben der Ebene der Außenpolitik nicht auch auf jener der Völkerverständigung sehr gute Kontakte zwischen den beiden Ländern existierten.[42] So war auf dem wirtschaftlichen Gebiet Deutschland einer der wichtigsten Partner in der Zwischenkriegszeit, der ebenso wie andere dazu beitrug, dass die Sowjetunion nach der Zeit des Großfürstentums den Status des größten ablegen musste und so in dieser Kategorie eine nur noch sehr geringe Rolle Spielte.[43]

Im Allgemeinen war die Stimmung der Finnen gegenüber der Weimarer Republik sehr gut. Der Rechte Flügel erblickte auch im neu aufgestellten Deutschland alte Traditionen in verschiedenen Formen wieder. Die Verbindungen kirchlicher und kultureller Art wurden gepflegt und die guten Handelsentwicklungen zwischen den beiden Staaten erschienen in den 1920er sehr positiv.[44] Der Linke Flügel sah erfreut die Sozialdemokratie der Weimarer Republik. Die finnischen Sozialdemokraten wurden in ihren Anfängen schon

---

[41] Jokipii: Finnland und Deutschland im 20.Jahrhundert, S.23.

[42] Ebd., S.24.

[43] Bohn: Finnland, S.218.

[44] Jokipii: Finnland und Deutschland im 20.Jahrhundert , S.17f.

seit dem Ende des 19. Jahrhunderts von Deutschland geprägt und hatten hieraus ihre ersten Einflüsse bekommen.[45] Das erste kleinere Problem in der außenpolitischen Beziehung wurde in der Rapallo-Politik von 1922 gesehen.[46] Diese stand für eine enge Zusammenarbeit des Weimarer Deutschlands mit der Sowjetunion. Beide Mächte wollten dem politischen Druck sowie der Isolation durch die Siegerstaaten des Ersten Weltkrieges entgegenwirken.[47] Als über die 1920er Jahre hinweg es zu keinem Konflikt mit der russischen Seite kam, begannen die Finnen vorsichtig den Deutschen Vertrauen zu schenken, welche zu vermitteln und sie von der friedlichen Einstellung der Russen zu überzeugen versuchten. Dies setzten die Deutschen noch 1932 auf der 300-Jahrfeier der Schlacht bei Lützen, der auch Mannerheim als Gast beiwohnte, fort.[48]

Die wirkliche Erleichterung kam erst 1933 bei den Finnen auf. Nachdem sich neue Mächteverhältnisse in Deutschland ergaben, sah man der Politik Hitlers gegenüber der Sowjetunion nicht abgeneigt entgegen.[49] Die erwähnte Rapallo-Politik fand ihr Ende.[50] Diese Erleichterung ging einher mit dem im nächsten Punkt noch zu erwähnenden Nichtangriffs-Pakt zwischen Finnland und Russland von 1932. Trotz eines schriftlichen Vertrages bedurfte es einer solchen Trennung, um das Misstrauen gegenüber der Sowjetunion zu senken. Das Vertrauen in das Schriftstück scheint bei den Finnen minimal gewesen zu sein. Zumindest hätte nun die Beendigung der Kooperation der beiden Mächte den Anschein geben können, dass zum Beispiel risikoreich angesehene Sektoren wie die Rüstungsindustrie an Stärke abnehmen könnten. Der ausgesetzte Vertrag von Rapallo sollte inhaltlich unter anderem die erneute wirtschaftliche Zusammenkunft von Deutschland und der Sowjetunion sichern, weil die großen Westmächte sie boykottierten.[51] Das deutsch-sowjetische Ende der Kooperation

---

[45] Ebd., S.18.

[46] Ebd., S.18.

[47] Puntila: Politische Geschichte Finnlands, S.166.

[48] Jokipii: Finnland und Deutschland im 20.Jahrhundert, S.18.

[49] Jokipii: Finnland und Deutschland im 20.Jahrhundert, S.20.

[50] Ebd., S.21.

[51] Vgl. Puntila: Politische Geschichte Finnlands, S.166.

aber tat dem wirtschaftlichen und militärischen Aufstieg beider Mächte keinen Abbruch.[52] Auf die hiermit angesprochene schwere Beziehung Finnlands zu seinem großen Nachbarn wird noch eingegangen.

Nach der positiven Kenntnisnahme über den Machtwechsel in Deutschland wurde zu Beginn des Jahres 1934 ein Zollkrieg mit diesem beigelegt. Die Verantwortlichen einigten sich auf der Grundlage eines gegenseitigen Handelsgleichgewichts. In den folgenden drei Jahren sollte daraufhin zwischen beiden Ländern ein gutes Verhältnis herrschen. In den unterschiedlichsten außenpolitischen Bereichen, dem Handel sowie dem Kulturaustausch, zeigte man sich beiderseits einverstanden.[53]

Die ernsten Schwierigkeiten begannen 1937 mit dem Wechsel der Regierung in Finnland. Der neue Ministerpräsident Cajander sowie der Außenminister Holsti standen für die nordische Neutralitätspolitik und für die Arbeit im Völkerbund, die bereits aufgegeben war.[54] Deutschland zeigte sich gekränkt über die Reisen der finnischen Delegierten zum Völkerbundsitz, London, Paris und Moskau. Berlin nämlich wurde ausgelassen.[55] Ein weiteres Hindernis stellte die deutsche Einmischung in die finnische Innenpolitik dar. Außenminister Holsti hatte sich auf einem Bankett des Völkerbundes abwertend über Hitler geäußert. Dies führte zu Protesten Deutschlands auf allen offiziellen Ebenen. Der Verbleib des Ministers in seinem Amt, so wurde damals begründet, würde eine gute Beziehung zueinander unmöglich machen. Seine innenpolitischen Gegner nutzen die Situation aus und erwirkten die Entlassung von Holsti.[56] Die zeitliche Einordnung einer nicht zu übersehenen Abkühlung der Beziehungen zu Deutschland kann so mit dem Jahr 1938 umrissen werden. Schon nach dem Zollkrieg kam es zu einer verbalen Auseinandersetzung mit dem ehemaligen Verbündeten. Die finnische Pressefreiheit führte zu negativen

---

[52] Ebd., S.166.

[53] Jokipii: Finnland und Deutschland im 20.Jahrhundert, S.21.

[54] Ebd., S.22.

[55] Ebd., S.22.

[56] Jokipii: Finnland und Deutschland im 20.Jahrhundert, S.22; Vgl. Jussila/Hentilä/Nevakivi,: Politische Geschichte Finnlands seit 1809. Vom Großfürstentum zur Europäischen Union, Berlin 1999, S.199.

Berichterstattungen über Hitlerdeutschland. Als die Medien jenem gegenüber unfreundlich auftraten, wollten die deutschen Vertreter nicht verstehen, warum hier nicht durch die Politik, wie es in Deutschland mittlerweile üblich war, Einfluss auf die Presse genommen werden könne. „Auch die übertriebene Betonung der nordischen Neutralität wurde als antideutsche Haltung benotet."[57]

Zu Beginn des Jahres 1939 bot Deutschland den nordischen und baltischen Staaten einen Nichtangriffspakt an, den neben Finnland auch Schweden und Norwegen nicht eingingen.[58] Spätestens jetzt mussten wohl die letzten Intellektuellen des Landes, die gerne an einer gewissen traditionell angehauchten deutsch-finnischen Freundschaft festhalten wollten, einsehen, dass solche Zeiten nun auch als Bestandteil der Realität weiter zurückliegen als sie anzunehmen vermochten. Zu diesem Zeitpunkt war die Entscheidung der Finnen nur verständlich. Mit der umspannenden Situation der Weltpolitik im Hinterkopf stand Deutschland seit Ende des Ersten Weltkrieges als Alleinschuldiger vor den Siegermächten. Ebenso wie die Sowjetunion war es isoliert. Eine Zusammenarbeit, um diesem entgegenzuwirken, wurde mit einem Machtwechsel auf deutscher Seite fallengelassen. Bis zum Spätsommer 1939 sah sich Finnland zu keinem Zeitpunkt von Deutschland bedroht, da dieses zunächst nun mal seit seiner Niederlage politisch abgetrennt war und sich möglicherweise in den Augen einiger Staatsmänner nur rehabilitieren wollte. So richtete Deutschland auf kultureller Ebene die Olympischen Spiele 1936 aus und wandte sich auf politischer vom Kommunismus ab. Im Kampf um die Unabhängigkeit stand Finnland verbündet mit den Deutschen nebeneinander, nicht feindlich gegenüber.

Ebenso passte eine Zusammenarbeit mit Deutschland zu einem späteren Zeitpunkt, mit einem erneuten Weltkrieg in Sichtweite, nicht in die Planung der Finnen. Die angestrebte und neutrale Nordstaatenpolitik, die unter anderem mit Schweden geplant wurde, hätte wegen dessen Bedenken gegenüber Deutschland

---

[57] Jokipii: Finnland und Deutschland im 20.Jahrhundert, S.22.

[58] Wagner, Ulrich H.E.: Finnlands Neutralität. Eine Neutralitätspolitik mit Defensivallianz (Schriften au dem Finnland-Institut in Köln, Bd.10), Hamburg 1974, S.26.

und der Angst einer Annäherung Finnlands an dieses zu scheitern gedroht.[59] Diesen auch den Deutschen gegenüber abgegebenen Kommentar, dass keine Bedrohung durch sie wahrgenommen werde, konnte mit dem Willen zur Aufrechterhaltung der Neutralitätspolitik und der Nichtvereinbarkeit mit der nordischen Linie begründet werden.[60] Im Zuge einer Außenministerkonferenz Ende 1939 hatten die nordischen Staaten jene Linie noch einmal mit einer gemeinsamen unterzeichneten Neutralitätserklärung zu unterstreichen versucht.[61] Finnland war der festen Überzeugung daran festzuhalten. Sie hatten bei Zeiten ebenso mehrere Mitstreiter dieser Einstellung.[62] Ein roter Faden durchzog so die finnische Außenpolitik.

Es könnte der Vorwurf an die Finnen entstehen, dadurch nicht weitsichtig genug das Gesamtbild betrachtet zu haben. Deutschland hatte ein Jahr zuvor unter den Augen der Welt, allen voran England und Frankreich, sich Österreich einverleibt und die Sudetengebiete der Tschechoslowakei annektiert.[63] Hitler kündigte indirekt durch „Mein Kampf" damit den weiteren Schritt, die Vernichtung des Kommunismus und den Angriff auf den Süden Russlands, an.[64] Der Fehler, so könnte nun angenommen werden, liegt im Detail. Dabei befindet er sich jedoch direkt auf der Hand. Finnland sollte nicht unbedingt blauäugig genannt werden, nimmt man ihren Mut zu einer gefestigten Stellung. Der Drang aber zur absoluten Neutralität in starker Bindung zu den anderen Nordstaaten ist ein genau so nicht zu erreichendes Gebilde wie Utopia. Der erste Faktor ist der militärische. Ein Bündnis der Nordstaaten, die niedrige Einwohnerzahlen besitzen und dabei über weitläufige Territorien verfügen, formt keinerlei Gegengewicht zu einer Großmacht – speziell mit Blick gen Osten. Ein solches würde nur die eigene Instrumentalisierung durch eine andere Gewalt fördern.

---

[59] Vgl. Jussila, Osmo/Hentilä, Seppo/Nevakivi, Jukka: From Grand Duchy to a Modern State. A Political History of Finland since 1809, London 1999, S.175.

[60] Jokipii: Finnland und Deutschland im 20.Jahrhundert, S.23.

[61] Jussila/Hentilä/Nevakivi: Vom Großfürstentum zur Europäischen Union, S.198.

[62] Vgl. Wagner: Finnlands Neutralität, S.23.

[63] Puntila: Politische Geschichte Finnlands, S.167.

[64] Ebd., S.167.

Sie ähnelte einer Beziehung eines bereits eingerichteten und auf den Neubesitzer zugeschnittenen Hauses, in dem dieser verweilen kann ohne viel Mühe hineinzustecken.[65] Zum vollständigen Verständnis dieser These aber muss im nächsten Punkt erst noch die Beziehung zu Russland überprüft werden, um schließlich die genaue Ausgangslage des Winterkrieges zu kennen.

Das Verhältnis zu Deutschland lag gegen Ende des Jahrzehnts, mit Ausnahme auf den bis dato wohl noch immer vorhandenen Handel, so gut wie brach. Hierfür sorgten zuletzt die Pläne Finnlands und Schwedens die Ålandinseln zu befestigen und ein kleinerer Waffenhandel zwischen den Finnen und Engländern.[66] Die Zeiten der großen Freundschaft schienen lange vorbei und insgeheim bestätigte Deutschland dies mit dem überraschenden Nichtangriffs-Pakt mit der Sowjetunion, in dessen unter Verschluss gehaltenen Zusatzprotokoll den Sowjets Finnland als Interessensgebiet zugeschrieben wurde.[67]

Die Beziehungen Finnlands zum großen Nachbarn im Osten waren stets gegenteilig ausgerichtet. Bereits vor den kämpferischen Auseinandersetzungen während des Zweiten Weltkrieges stand man in Konflikt und Streit mit der russischen Seite.

## Haltung gegenüber der Sowjetunion

Trotz des Friedensschlusses mit der Sowjetunion, der mit dem Abkommen von Dorpat im Jahre 1920 besiegelt wurde, blickte Finnland mit großer Sorge und Verunsicherung gen Osten zum einstigen Mutterland. Die dort vorherrschenden politischen Unruhen konnten nicht über die finnischen Ängste vor dem großen Nachbarn hinwegtäuschen. Der verbreitete Nationalismus unter den Finnen sowie die Vorurteile, die zu Zeiten der so genannten Russifizierungs-Politik

---

<sup></sup>[65] Vgl. Wagner: Finnlands Neutralität, S.24.

[66] Jussila/Hentilä/Nevakivi: From Grand Duchy to a Modern State, S.176; Jokipii: Finnland und Deutschland im 20. Jahrhundert, S.23.

[67] Jussila/Hentilä/Nevakivi: From Grand Duchy to a Modern State, S.177.

hervorkamen, trugen hierzu bei.[68] Bereits zu Beginn dieser neuen Ära war die problematische Zukunft zu erahnen.

Die erwähnten Friedensverhandlungen nach der finnischen Unabhängigkeit und dem Friedens- und Bürgerkrieg, die auf neutralen Boden in Estland abgehalten wurden, zeigten die großen Unterschiede auf beiden Seiten. Die Ansichten der Gesprächspartner wichen stark voneinander ab und auf extremste Forderungen wurde erst verzichtet, als ein Abbruch und somit ein Scheitern der Verhandlungen drohte.[69] Finnland erhielt schließlich das Petsamogebiet und die Sowjetunion Ostkarelien.[70] Obwohl es zu dieser Friedensschließung kam, sollte die Spannung zwischen den beiden Beteiligten weiterhin die außenpolitische Lage bestimmen. Vorherrschend war das gegenseitige Misstrauen, welches sich zum einem aus der finnischen Furcht zusammensetzte, die Selbständigkeit zu verlieren und der sowjetischen Sorge, dass das finnische Territorium als Stützpunkt für einen Angriff gegen das eigene genutzt werden könnte. Pressemitteilungen und diplomatische Gespräche hatten diese Angst vermittelt, welche bereits 1918 aufkeimte, als das deutsche Expeditionskorps nach Finnland gekommen war und als die 1919 vom Westen unterstützten russischen Gegenrevolutionäre das System Lenins vernichten wollten.[71]

Ebenso gab es Absichten im finnischen Land bezüglich Ostkareliens, die gegenüber Russland weiteres Misstrauen schüren mussten. Die akademische Jugend im Staat plädierte zwischen 1918 und 1920 stets auf die Errichtung „Großfinnlands", was jedoch nie realisiert wurde. Noch über zehn Jahre später erinnerte die Sowjetunion gerne an die frühere Einstellung der jungen Elite, da sich Finnland mit dem Neutralitätsargument aus dem Streit der Großmachtpolitik heraushalten wollte. Auf sowjetischer Seite wurde nicht vergessen, dass Finnland nach dem Ersten Weltkrieg an den Plänen zur Destruktion des Bolschewismus partizipierte.[72] Wurde, wie erwähnt, auf

---

[68] Jokipii: Finnland und Deutschland im 20. Jahrhundert, S.14.

[69] Puntila: Politische Geschichte Finnlands, S.141f.

[70] Ebd., S.142.

[71] Ebd., S.169.

[72] Puntila: Politische Geschichte Finnlands, S.170.

finnischer Seite das Ende der Rapallo-Politik begrüßt, so lieferte diese finnische Einmischung hingegen das russische Argument für ein geringes Vertrauen in den bereits angesprochenen und später abgeschlossenen Nichtangriffs-Pakt beider Länder. 1932 wurde dieses Abkommen zwischen Finnland und der Sowjetunion unterzeichnet. Zunächst nur für eine Laufzeit von drei Jahren angesetzt, wurde der Vertrag einige Zeit danach auf das Ende von 1945 verlängert. Teil dieses Vertrages war unter anderem die einseitige Neutralitätswahrung eines Partners, wenn der andere in einer Auseinandersetzung mit einer dritten Macht stünde.[73]

Mit Sicht auf das Ende der Zusammenarbeit zwischen den Deutschen und der Sowjetunion sowie den finnischen Wunsch durch das Dritte Reich einen Gegenpart zum kommunistischen Nachbarn zu haben, dürfen Zweifel an das Vertrauen in diesen Pakt laut gemacht werden. Das ewig existent scheinende Misstrauen wurde hiermit auf keiner Seite besänftigt. Anfänglich sah die finnische Regierung womöglich eine Art Absicherung im Nichtangriffsvertrag sowie im Auslaufen der Rapallo-Politik. Wenn zwei wachsende Großmächte sich trennen, hätte dies dem Anschein nach der angestrebten Neutralitätspolitik Luft verschaffen können. Auch bei Veränderungen im europäischen Sektor nämlich wich Helsinki niemals von seinem außenpolitischen Ziel ab.[74] Dennoch sollten die innenpolitischen und gesellschaftlichen Vorgänge Finnlands, die von einem Staat deuteten, der mit allen Mittel seine Freiheit und Unabhängigkeit untermauerte, die Sowjetunion zumindest unabsichtlich provozieren, wofür diese empfänglich schien.

Die bereits 1918 gestarteten antikommunistischen Maßnahmen der finnischen Innenpolitik sah man in Russland als antisowjetisch und diese Interpretation wiederum schürte die Angst Finnlands vor dem ehemaligen Mutterland. Hieraus resultierten die Pläne zur politischen und militärischen Landesverteidigung. Moskau sah sich in der Aggressivität des Nachbarlandes bestätigt. Noch Jahre später, als der Nichtangriffs-Pakt schon längere Zeit bestand und der Zweite Weltkrieg nicht mehr abzuwenden schien, musste sich Finnland den

---

[73] Wagner: Finnlands Neutralität, S.22.

[74] Ebd., S.23.

Anschuldigungen aussetzen, dass es nicht um die Verteidigung der eigenen Neutralität agiere, sondern noch immer einen Angriff auf die Sowjetunion plane. Der Vorwurf lautete, dass Finnland nicht alleine federführend sei bei diesem Unternehmen und mit Stützpunkten auf eigenem Territorium westlichen Mächten stark unter die Arme greifen würde.[75] Diese Taktik sollte sich mit dem später folgenden Fortsetzungskrieg zwar mehr als bestätigen, jedoch waren durch den vorhergehenden Winterkrieg sämtliche außenpolitisch relevanten Konstanten für Finnland verschoben und veraltete Argumente waren mehr denn je unhaltbar.

Studentische Kräfte blieben hier auch weiter Teil der treibenden Kraft. Die Akademische Kareliengesellschaft, eine größere Verbindung, gilt als Initiator für die im Jahre 1939 begonnenen Befestigungsarbeiten auf der Karelischen Landenge. Ging es zwanzig Jahre vorher noch um die Errichtung Großfinnlands, stand zu diesem Zeitpunkt nur das Interesse an der Erhaltung der Selbstständigkeit im Mittelpunkt. Hinzu kam die Mobilmachung der finnischen Truppen, welche im Oktober des gleichen Jahres aufgrund der weltpolitischen Zuspitzungen unter anderem zu Truppenübungen zusammenkamen und welche schließlich die sowjetische Geduld weiter reizte. Finnland wurde von dieser Seite aus vorgeworfen, dass die kleine Armee nur in Bereitschaft gesetzt werden könne, wenn es politische Versprechen anderer Staaten gäbe.[76] Kurz vor dem Ausbruch des Winterkrieges wurden die Fehler, die jahrzehntelang diplomatisch heraufbeschworen wurden, klar erkennbar gemacht. Anfang der Zwanziger Jahre wurde im Außenministerium Moskaus die Zuständigkeit für Finnland von der westlichen zur skandinavischen Abteilung transferiert. Kurze Zeit später aber wurde es durch die praktizierte Randstaatenpolitik neben die Länder des Baltikums sowie Polen gestellt. Hierauf ergriff die Sowjetunion immer wieder Initiative für Kontakte mit Finnland.[77]

---

[75] Puntila: Politische Geschichte Finnlands, S.170.

[76] Ebd., S.170f.; Vgl. Tarkka, Jukka: Weder Stalin noch Hitler. Finnland während des Zweiten Weltkrieges, Helsinki 1991, S.18.

[77] Puntila: Politische Geschichte Finnlands, S.171.

Die Finnen sahen hierin den Versuch, isoliert zu werden und somit ebenfalls defensiv agierende Verbündete zu verlieren. Es wurde darauf plädiert, den Sonderstatus als „von Russland getrenntes Land" aufrecht zu erhalten und weiterhin nach außenpolitischen Schutzmöglichkeiten Ausschau zu halten – Moskaus Deutungen aber sprachen von der Suche nach Waffengefährten.[78] In einer gewissen Konstanz also, so darf es festgehalten werden, trieben Finnland und die Sowjetunion ihre eigene Spirale des Misstrauens voran. Beide Seiten mussten davon ausgehen, in ihrem Handeln immer eine Reaktion des anderen herauszufordern. Finnland sollte dabei die glaubwürdigste Position einnehmen. Wie bezüglich Deutschlands erwähnt, stand es mit der Sowjetunion einer weiteren Diktatur gegenüber. So kam es auch hier zu Anschuldigungen gegen die heimische Presselandschaft.

Aufgrund der Pressefreiheit kam es zu kritischen Artikeln, die hier uneingeschränkt über die politische Realität in der Sowjetunion berichteten. Geschrieben wurde so auch über die Niederwerfung des georgischen Volkes, den ausgebrochenen Machtkampf nach Lenins Tod sowie über die Säuberungsaktionen von Stalin. Der sowjetische Vertreter in Helsinki sprach nur zu gerne darüber, dass „die finnische Presse die sowjetfeindlichste auf der Welt sei".[79] War Deutschland aber neben vielen anderen westlichen Staaten zunächst einer der wichtigsten Handelspartner der Finnen nach ihrer Unabhängigkeitsgewinnung, so wurde der Handel mit dem großen Ostnachbarn fast komplett ausgesetzt. In Moskau sah die Politik hiermit neben den finnischen antikommunistischen Gesetzen einen strikten Versuch der Isolation.[80] Einzig und allein der im letzten Kapitel vorgestellte Außenminister Holsti versuchte die Lage neutral und ausreichend zu beleuchten als er zu klärenden Gesprächen 1937 nach Moskau reiste. Dies blieb erfolglos und nach seiner erläuterten Absetzung durch Deutschland sollte somit die letzte reelle Hoffnung auf ein Ende der diplomatischen Eiszeit verschwinden. Holstis Nachfolger Erkko hingegen stand als hauptberuflicher Herausgeber einer westlich gerichteten

---

[78] Ebd., S.171.

[79] Puntila: Politische Geschichte Finnlands, S.171.

[80] Ebd., S.172; Bohn: Finnland, S.218.

Zeitung für die Distanz zu Deutschland und Russland.[81] Eine ebenso große Schwierigkeit zwischen Finnland und der Sowjetunion sollte der General Mannerheim darstellen. Dieser verleumdete neben seinem Unverständnis für die spätere Freundlichkeit gegenüber Hitlerdeutschland auch niemals seine antikommunistische Haltung.[82] 1932 war er zum Feldmarschall und Oberbefehlshaber für den Kriegsfall ernannt worden. Unter der großen Ausstrahlung seiner Autorität zielte er darauf ab Finnlands militärisches Potential zu steigern. Sieben Jahre später erklärte das Land nach Beginn des Zweiten Weltkrieges seine Neutralität gegenüber allen beteiligten Parteien.[83]

Anfang Oktober 1939 ging Moskau erneuten Kontakt mit Finnland ein, um Bevollmächtigte in die russische Hauptstadt zu laden.[84] Zuvor waren die jeweiligen Ministerpräsidenten und Außenminister der nordischen Länder zusammengekommen. Doch ein letztes Mal vor dem Krieg auf eigenem Boden konnten keine Ergebnisse erzielt werden und es wurde absehbar, dass jedes Land für sich selbst agieren müsse.[85] Die finnische Regierung wusste, dass die baltischen Länder unter sowjetischen Druck die von ihnen geforderten Ländereien für Stützpunkte abgetreten hatten.[86] Ebenso konnte Helsinki auch nicht ausschließen, dass trotz möglicher eigener Abtretungen sich Moskau notfalls damit nicht zufrieden gibt und militärisch interveniert. Ein dementsprechendes Zusatzprotokoll im Hitler-Stalin-Pakt, welches tatsächlich bestand, wurde bereits von finnischer Seite vermutet.[87] Die bereits erläuterten Gegenmaßnahmen, unter anderem die Mobilmachung von Armee und Reserve zu einer Sonderübung, sollten eine klare Reaktion vermitteln. Einige Tage später schickte Finnland Gesandte nach Moskau. Die Wichtigkeit auf sowjetischer

---

[81] Puntila: Politische Geschichte Finnlands, S.172f.

[82] Singleton: A Short History of Finland, S.127.

[83] Puntila: Politische Geschichte Finnlands, S.173.

[84] Jussila/Hentilä/Nevakivi: Vom Großfürstentum zur Europäischen Union, S.201.

[85] Puntila: Politische Geschichte Finnlands, S.176.

[86] Puntila: Politische Geschichte Finnlands, S.175.

[87] Tarkka: Weder Stalin noch Hitler, S.11.

Seite wurde mit der Anwesenheit Stalins bei den Verhandlungen erkennbar. Die Sowjetunion forderte die Verpachtung der Halbinsel Hanko, Inseln im Finnischen Meerbusen, einen großen Teil der Karelischen Landenge sowie Finnlands Teil Petsamos. Im Gegenzug wurde ein größeres, aber unbewohntes Gebiet geboten. Wie angekündigt winkte Finnland ab.[88] Bei weiteren Verhandlungen war Helsinki lediglich zu kleineren Zugeständnissen bereit, aber Stalin wollte über eigene Forderungen nicht „feilschen". Es kam zu keinerlei Einigungen.[89]

Mit ihrer Neutralitätspolitik, der aufgrund ihres Ursprungs durch den Willen nach Selbstständigkeit nichts vorzuwerfen ist, brachte sich Finnland langsam aber sicher in die eigene Isolation. Die beschriebene Beziehung zu Deutschland war erkaltet, mit den Nordstaaten wurde keine einheitliche Linie gefunden. Hier spielte vor allem auch die geographische Lage Finnlands eine große Rolle. Hier lag es immer zwischen Skandinavien, der Verbindung nach Nord- und Westeuropa sowie dem russischen Grenzstreifen.[90] Finnland brachte also eine gewisse Brisanz mit sich, da es als möglicher Partner neben sich ebenso die ländliche Grenze zu einer der beiden expansionsbestrebten Großmächte mitgebracht hätte. Das Ziel der Sicherung des eigenen Staates gegen große Aggressoren konnte so natürlich nicht erbracht werden.[91] Wiederum hatte Finnland somit gute Gründe für die eigene Unnachgiebigkeit. Seit den Dorpater Friedensverhandlungen galt der Grundsatz, kein Stück Land abzugeben. Es ging keine Bedrohung vom Land aus und die Finnen sprachen immer von der Verteidigung gegen jeden möglichen Angreifer. Auch der übrige Westen hatte keine Hilfen angekündigt. Die praktizierte Neutralität galt den Finnen als Heilmittel vor dem Sog in den bald weltumgreifenden Konflikt des Zweiten Weltkrieges.

Finnland, welches einen anderen Kurs einschlagen zu gedachte, sah also, im Gegensatz zu Stalin, die Möglichkeit sich selbst zu verteidigen, wenn ein

---

[88] Jussila/Hentilä/Nevakivi: Vom Großfürstentum zur Europäischen Union, S.201.

[89] Ebd.,S.201f.

[90] Vgl. Wagner: Finnlands Neutralität, S.19.

[91] Vgl. ebd., S.24f.

anderer Staat über die finnische Küste hätte einfallen sollen.[92] Das Land stand nun alleine vor der militärischen Auseinandersetzung mit der Sowjetunion im Winterkrieg. Eine Auseinandersetzung, die für viele mehr als überraschend kam und einen ebenso überraschenden Verlauf nehmen sollte.

---

[92] Jutikkala, Eino/Pirinen, Kauko: A history of Finland, Espoo 1979, S.241.

# Der Winterkrieg

Bereits im Frühsommer 1939 trafen sich Großbritannien, Frankreich und die sowjetischen Führer in Moskau zu Gesprächen, in denen es sich um das ausbreitende Deutschland drehte und die sowjetische Angst, dieses als Angreifer über das Land der baltischen Staaten empfangen zu müssen.[93] Da aber eine Lösung gegen die Interessen jener Länder hätte gefunden werden sollen, wurden die Verhandlungen abgebrochen und Stalin ging den Nichtangriffs-Pakt mit Deutschland ein.[94] Finnland wollte den im letzten Punkt erläuterten Forderungen der Sowjetunion, Ländereien abzutreten, nicht nachgeben.[95]

Am 26.November 1939 kam es zu einem Zwischenfall, bei dem Finnland angeblich das hinter der Grenze liegende Dorf Mainila und die dort stationierten sowjetischen Truppen mit Artillerie beschossen hätte. Diese brachen daraufhin jegliche Verhandlungen ab, erklärten den Nichtangriffs-Pakt von 1932 für nichtig und begannen den Angriff auf Finnland.[96] Marschall Mannerheim übernahm den Befehl über die Streitkräfte und im Parlament wurde eine neue Regierung eingesetzt, mit der Hoffnung, dass man so „neue Verhandlungsmöglichkeiten mit Moskau bekäme". Um die Attacke vor den Augen der Welt zu legitimieren, setzte die Sowjetunion wenig später auf bereits erobertem Land eine kommunistische Marionettenregierung unter Otto Kuusinen ein. Diese rief Moskau um Hilfe an, so dass die Sowjetregierung ihren Angriff als Unterstützung für einen Bündnispartner definieren konnte, was jedoch keine Glaubwürdigkeit erlangte.[97] Während des gesamten Winterkrieges erhielt Finnland von einer Vielzahl an wichtigen Personen der westlichen Welt, zum Beispiel Winston Churchill, positiven Zuspruch für ihren

---

[93] Singleton: A Short History of Finland, S.128.

[94] Ebd., S.128.

[95] Bohn: Finnland, S.219.

[96] Singleton: A Short History of Finland, S.129.

[97] Bohn: Finnland, S.219.

Verteidigungskampf, jedoch gab es keinerlei militärische Intervention.[98] Die Verhandlungen zwischen Großbritannien und Frankreich auf der einen Seite und Norwegen und Schweden auf der anderen, ob die Alliierten die jeweiligen Gebiete überqueren dürften, erzielten bis zum Ende des Konfliktes keine Ergebnisse.[99]

Wichtiger als moralischer Beistand erschienen Finnland vor allem die von schwedischer Seite eintreffenden Waffenlieferungen. Ebenso wurde versucht, diese von einem Kriegseintritt zu überzeugen, da die Sowjetunion, so wurde auf finnischer Seite argumentiert, zum direkten Nachbarn für die Schweden hätte werden können.[100] Obwohl sich der Staat dennoch aus dieser Situation heraushielt, kamen etwa 7500 freiwillige Kämpfer nach Finnland, um diesem in den Gefechten Unterstützung zu leisten.[101]

Aufgrund der politisch brisanten Lage vor Beginn des Winterkrieges befanden sich, wie bereits dargestellt, die finnischen Truppen seit Oktober 1939 in größeren Übungen und waren so mobil. Der Überfall kam zwar überraschend für das gesamte Land, doch der Schock legte sich nach kurzer Zeit und die Streitkräfte waren dementsprechend einsatzbereit.[102] Die Sowjetunion schaffte es nicht, trotz ihrer die Finnen überragenden militärischen Quantität, diese kriegsbestimmend zu treffen. Die finnischen Soldaten gingen im heimischen und so bekannten Gefilde einer besseren Strategie nach und fügten ihren Feinden große Verluste zu. Dabei griffen die Finnen unter anderem auf die heute berühmte motti-Taktik zurück. Kleine Verbände kesselten dabei sowjetische Panzerbataillone ein, die in den winterbedingt schlechten Verhältnissen nur schleppend auf den Waldwegen vorankamen, und griffen sie von allen Seiten an. Diese unkonventionelle Art der Kriegsführung, die stets in Unterzahl absolviert wurde, sollte dennoch mit dem Moment der Überraschung für Erfolge

---

[98] Singleton: A Short History of Finland, S.130.

[99] Bohn: Finnland, S.220.

[100] Jutikkala/Pirinen,: A history of Finland, S.243.

[101] Ebd., S.243; Bohn: Finnland, S.219; Vgl. Jussila/Hentilä/Nevakivi: From Grand Duchy to a Modern State, S.182.

[102] Puntila: Politische Geschichte Finnlands, S.182.

sorgen. Die Finnen konnten ihre geringe Feuerkraft somit kompensieren.[103] Auf diese Angriffe zurückführend wird heute noch immer von der Erfindung des sogenannten „Molotow-Cocktails" durch die finnischen Soldaten berichtet.

Erst nach einer gewaltigen Truppenzusammenfügung der sowjetischen Armee, wie sie vorher nicht angewendet worden war, konnte die so genannte Mannerheim-Linie, eine Reihe von Unterständen auf der Karelischen Landenge, im Februar 1940 überwunden werden.[104] Aus Befürchtungen heraus, dass die Westmächte aber Finnland Hilfe leisten könnten, unterbreitete Stalin der Regierung ein Angebot zum Waffenstillstand, welches aus finnischen Einsehen in Bezug auf den eigenen Kräfteschwund angenommen wurde.[105] Ebenso wussten die Finnen, dass Hilfstruppen der Westmächte nur in einer geringen Zahl und womöglich zu spät eintreffen würden. Außerdem sahen England und Frankreich in einem Intervenieren die oberste Priorität zunächst darin, den Erztransport Schwedens gen Deutschland zu unterbinden.[106] Ein Friedensvertrag vom 13.März 1940 entriss Finnland unter anderem einen großen Teil Kareliens und zwang sie ebenso die Halbinsel Hanko den Sowjets als Militärstützpunkt zu verpachten.[107] Über zehn Prozent der Bevölkerung musste ihre Heimat verlassen und übersiedeln, wobei Finnland die Selbstständigkeit nicht abtreten musste.[108]

Deutschland blieb von Beginn des Winterkrieges an neutral und stellte zu dem Waffenlieferungen nach Finnland ein.[109] Die Deutschen schienen verärgert die Neutralität Finnlands aus den dreißiger Jahren imitieren zu wollen und gaben somit ein klares Bild zu der damaligen Beziehung, nachdem die Finnen das

---

[103] Tarkka: Weder Stalin noch Hitler, S.15; Vgl. VanDyke, Carl: The Soviet Invasion of Finland. 1939-40, London 1997, S.38.

[104] Bohn: Finnland, S.220; Jutikkala/Pirinen: A history of Finland, S.243.

[105] Bohn: Finnland, S.220.

[106] Puntila: Politische Geschichte Finnlands, S.185.

[107] Bohn: Finnland, S.220.

[108] Klinge: Geschichte Finnlands im Überblick, S.132.

[109] Jokipii: Finnland und Deutschland im 20. Jahrhundert , S.26.

Angebot des Vertrags vom Frühjahr 1939 nicht eingegangen waren. Reichsmarschall Göring soll im Dezember 1940 zum finnischen General Talvela gesagt haben, „dass man deswegen Finnland aus der Reihe der befreundeten Länder gestrichen hätte, und dass deswegen Finnland im Herbst 1939 im Hitler-Stalin-Pakt der sowjetischen Interessensphäre überlassen wurde. Dies wäre niemals geschehen, wenn Finnland den Nichtangriffspakt mit Deutschland angenommen hätte."[110] Andere Quellen, die eine schlechte außenpolitische Bindung beider Länder vor Beginn des Weltkrieges deuten, lassen den Inhalt dieser Aussage laut Mauno Jokipii nicht unrealistisch erscheinen. Finnische Politiker seien vom deutschen Verhalten zu Zeiten des Winterkrieges weniger überrascht worden als die den Deutschen positiv gegenüberstehenden Kulturellen.[111] Diese versuchten während des Konfliktes stimmungsändernden Einfluss auf die deutsche Position zu nehmen, der nur in kleineren Printmedien auf dem dortigen Lande Gehör fand.[112] Finnland musste also alleine einen Konflikt austragen, um sich seiner nicht aggressiven Neutralitätspolitik, welche sich schon vor Beginn des Winterkrieges durch fehlende Mitstreiter und Akzeptanz nicht festigen wollte, einen Preis abverlangen zu müssen.[113] Finnland steuerte nach Ende des Konfliktes auf eine weitere außenpolitische und dieses Mal auch wirtschaftliche Isolation zu, welche ausschließlich durch eine erneute Annäherung an Deutschland zu überwinden war.

---

[110] Ebd., S.23.

[111] Ebd., S.23.

[112] Jokipii: Finnland und Deutschland im 20. Jahrhundert , S.26.

[113] Vgl. Puntila: Politische Geschichte Finnlands, S.182.

# Der Fortsetzungskrieg

## Zusammenarbeit der Finnen und Deutschen

Nach Ende des Winterkrieges verschlechterte sich Finnlands Lage nach außen. Die zur Sowjetunion kaum vorhandenen Wirtschaftsbeziehungen der Vorkriegszeit sollten durch den Konflikt nicht gerade denkbar wiederbelebt werden. Der Warenaustausch zu Deutschland über die Ostsee war bereits stets traditionell und sicher gewesen.[114] Jenes Land trug zur weiteren politischen Einengung bei, als es im April 1940 Dänemark und Norwegen besetzte. Finnlands Aktionen gen Westen waren nun „vom Wohlwollen Hitler-Deutschlands abhängig".[115] Finnland hatte zunächst durch den Friedensvertrag ein Zehntel seines ertragreichsten Gebietes verloren. Deutschland war als Kontrolleur der möglichen Märkte so der einzige Handelspartner.[116] Im Juni kam es dann zum deutsch-finnischen Handelsabkommen.[117] Finnland musste die lebensnotwendigsten Waren sowie Güter für die eigene Industrie importieren. Die Deutschen konnten auf finnisches Kupfer und Nickel nicht verzichten, um die Kriegsmaschinerie am Laufen zu erhalten. Nebenbei wurde von finnischer Seite aus zwei Jahre lang versucht den Handel zur Sowjetunion wichtiger zu gestalten, was jedoch nicht gelang.[118]

Die wirtschaftliche Abhängigkeit drückte die Finnen zwangsweise in Richtung der deutschen Seite. Ein politisch isoliertes Land konnte sich bei fehlenden Ressourcen zur Selbstversorgung nicht auch noch von solch einer auferlegten Bindung losreißen. Da Helsinki weiterhin an der Neutralitätspolitik festhielt,

---

[114] Puntila: Politische Geschichte Finnlands, S.189.

[115] Bohn: Finnland, S.221.

[116] Puntila: Politische Geschichte Finnlands, S.189.

[117] Jokipii: Finnland und Deutschland im 20. Jahrhundert , S.27.

[118] Puntila: Politische Geschichte Finnlands, S.189.

diese zumindest „offiziell verkündete", ging es dennoch nicht mit den deutschen Interessen konform.[119]

Während Deutschland mit seiner Situation im Westen gebunden war, besetzte die Sowjetunion im Juni 1940 die baltischen Staaten und rief sie zu Sowjetrepubliken aus. Weiterhin erhöhte man den Druck auf Finnland. Dort wurde sich den verschiedenen sowjetischen Forderungen gebeugt, zum Beispiel der Demilitarisierung der Ålandinseln, bis auf jene, dass Petsamo-Gebiet mit seinen Nickelvorkommen vollständig der Großmacht zu überlassen. Das Interesse der Sowjets hieran kam mit der Besetzung Nordnorwegens durch deutsche Truppen.[120] Das deutsche Interesse an Finnland sollte einen Monat später wichtiger werden, da die Planungen für den Überfall auf die Sowjetunion begannen.[121] Der wirtschaftliche Zwang und der Druck aus dem Osten, der immer mehr weitere Teile des eigenen Landes zu verschlingen drohte und somit die Angst auf einen erneuten Angriff schürte, sollte Finnland letztendlich auf die deutsche Seite treiben. Ein Verweilen in neutraler Haltung hätte früher oder später dazu geführt, den beiden Großmächten das finnische Territorium als Schlachtfeld zu überlassen. Eine Zusammenarbeit, um diesen entgegenzuwirken, sollte aus dieser Sicht unumgänglich sein.[122]

Die finnische Regierung schloss im September 1940 zwei Verträge. Der Sowjetunion wurde zuerst die Überführung militärischer Mittel zur Halbinsel Hanko gestattet. Danach regelte Finnland mit Deutschland den Durchgangsverkehr deutscher Truppenurlauber durch den Norden des Landes nach Norwegen.[123] Abgesehen von Finnlands Haltung gegenüber den nicht-nordischen Staaten in ihrer Zwischenkriegspolitik waren diese Verträge kein ungewöhnliches Vorkommen, da auch Schweden einen derartigen Beschluss mit Deutschland fand und im Zweiten Weltkrieg dennoch neutral bleiben konnte.

---

[119] Vgl. Ebd., S.189.

[120] Jussila/Hentilä/Nevakivi: From Grand Duchy to a Modern State, S.194.

[121] Ebd., S.194.

[122] Vgl. Jutikkala/Pirinen: A history of Finland, S.247.

[123] Puntila: Politische Geschichte Finnlands, S.190.

Lediglich die Anzahl der Truppen und der Bewaffnung der Wehrmachtssoldaten waren durch das finnisch-deutsche Abkommen im Gegensatz zu den anderen genannten nicht beschränkt.[124] Finnland begann eine offensichtliche Entscheidungsfindung. Im Sommer suchte Schweden ein Staatenbündnis mit den Finnen, welches Neutralität, insbesondere in Bezug auf den Weltkrieg, walten lassen sollte.[125] Diese Idee wurde jedoch durch die Sowjetunion mit der Erklärung von Molotow, dass dieses den Friedensvertrag nichtig machen würde, zum Scheitern verurteilt. Deutschland sprach sich ebenso dagegen aus.[126]

Finnland musste erkennen, dass es als Interessensgebiet beider Großmächte eine Wahl zu treffen hatte. Die Wehrmacht sowie die Rote Armee besaßen durch den Transitverkehr große Mengen an militärischem Potenzial innerhalb des Landes. Es war abzusehen, wie die Lage außer Kontrolle geraten sollte, wenn es zum offenen Kampf zwischen den beiden Parteien gekommen wäre. Die sowjetischen Truppen hätten den Verkehr der deutschen abschneiden müssen und jene wiederum hätten sich vom Stützpunkt der Roten Armee auf Hanko bedroht gefühlt. Die finnischen Streitkräfte mussten mobil bleiben.[127]

Zunächst versuchte Finnland mit stetiger Betonung der eigenen Neutralitätspolitik seine Beziehungen zur Sowjetunion zu verbessern. Als jedoch der Inhalt des Gespräches zwischen Molotow und Hitler aus dem November 1940 bekannt wurde und die Finnen erfuhren, dass die Sowjets vergeblich um eine Einwilligung zur Besetzung ihres Landes baten, ließ Helsinki die militärischen Kreise weiter mit den Deutschen konferieren.[128] Im Herbst holten sich diese präzise Angaben über die Stärke der finnischen Armee. Daraufhin wurde geklärt, wie schnell diese einsatzbereit sei.[129] Im Frühjahr 1941 ordnete sich Finnland ganz der deutschen Seite zu, die bereits vollständige Pläne

---

[124] Vgl. Ebd., S.190.

[125] Jussila/Hentilä/Nevakivi: From Grand Duchy to a Modern State, S.195.

[126] Ebd., S.195.

[127] Vgl. Puntila: Politische Geschichte Finnlands, S.190f.

[128] Ebd.; Jussila/Hentilä/Nevakivi: From Grand Duchy to a Modern State, S.196.

[129] Ebd., S.196.

zum Russlandfeldzug vorgelegt hatte.[130] Ein Grund hierfür war der anhaltende Streit mit der Sowjetunion um die Zukunft der Nickelmine im Petsamo-Gebiet. Die Sowjets erhöhten unter anderem auf der Spitze dieses Konfliktes ihre Truppenzahl auf der Karelischen Landenge. Die Deutschen rieten den Finnen mit Erfolg zur Standhaftigkeit in dieser Situation.[131] Die anhaltende und dadurch sicherlich wieder erstarkende Angst vor einem sowjetischen Überfall musste Finnland letztendlich an die Seite Hitler-Deutschlands stellen, von welchen der Staat zudem immer noch wirtschaftlich abhängig war.[132]

Der Winterkrieg und die damit verbundenen Gebietsverluste wurde als Völkerrechtsverletzung angesehen und so wurde auf einen kommenden deutsch-sowjetischen Krieg gesetzt, der die Möglichkeit auf eine kostengünstige Revidierung des Moskauer Friedensvertrages beherbergte.[133]

Finnland hatte seine Wahl getroffen, welche auf Deutschland gefallen war. Mannerheim, der wie erwähnt nicht viel von der innenpolitischen Lage des angehenden Partners hielt, konnte dem Kommunismus allerdings ebenso nichts abgewinnen und hoffte auf Wiedergutmachung.[134] Nationalsozialistische Aspekte des kommenden Waffenbruders schienen die Finnen so oder so nicht größer berücksichtig oder wahrgenommen zu haben, so dass Deutschland auch nur dieser war. Ihr Guthaben auf Passivität war bereits lange erschöpft und sie mussten nun aktiv handeln. Der Luxus, sich zwischen mehreren Kandidaten entscheiden zu können und dabei sämtlich Punkte der Innen- und Außenpolitik zu beleuchten, auszuwerten und beurteilen zu können, war nicht gegeben. Sie waren gezwungen sich einer der Großmächte anzuschließen oder nebenzustellen, um nicht selbst zwischen die Fronten zu geraten.[135] Zu Beginn

---

[130] Ebd., S.196; Puntila: Politische Geschichte Finnlands, S.191.

[131] Jussila/Hentilä/Nevakivi: From Grand Duchy to a Modern State, S.196; Jokipii: Finnland und Deutschland im 20. Jahrhundert , S.28f.

[132] Vgl. Puntila: Politische Geschichte Finnlands, S.191.

[133] Vgl. Ebd., S.191.

[134] Singleton: A Short History of Finland, S.135.

[135] Vgl. Bohn: Finnland, S.222.

der Zusammenarbeit sollen sich viele Finnen an die Zeit des Kampfes um die Unabhängigkeit und die damit verbundene deutsche Hilfestellung erinnert haben.[136] Bei Kriegszeiten sollte es aber nie zu gravierenden inneren Problemen kommen. Mannerheim, der seit dem Winterkrieg den Oberbefehl innehatte, genoss einen stetigen Anstieg seiner Beliebtheit und behielt seine Aufgabenstellung auch weiterhin.[137] Ebenso missachteten die finnischen Streitkräfte niemals ihren Gehorsam den Oberen gegenüber, auch als man nach dem gemeinsamen Kampf mit den Deutschen zu Gegnern wurde. Diese Tatsache repräsentierte die Gesamteinstellung und sollte dem ganzen Staat später in der Nachkriegszeit zu gute kommen.[138] An der Partnerschaft zu den Deutschen hingen für Finnland neben der Möglichkeit verlorene Gebiete zurückzubekommen auch wichtige Waffenlieferungen im Zuge des genannten Transitabkommens sowie notwendige Lebensmittellieferungen, die von deutscher Seite aus noch im Juni 1941 garantiert worden waren.[139]

Im Mai und am Anfang Juni wurden die Punkte der Zusammenarbeit besprochen und abgesegnet, wobei es zu keinerlei schriftlicher Niederlegung kam. Finnland war über die Waffenbruderschaft zu Deutschland hinaus kein Bündnispartner.[140] Unter der Bedingung, dass das Land selbstständig bleibe, Deutschland die ersten Kampfhandlungen ausübe und Finnland nicht vor der Sowjetunion mit den Kämpfen beginne, wurde der Kriegsteilnahme zugestimmt. Die Deutschen begannen daraufhin mit der Truppenverlegung gen Norden nach Lappland sowie der Verminung des Finnischen Meerbusens. Die Finnen mobilisierten ebenfalls ihre Streitkräfte.[141] Der Vorabend eines erneuten Krieges schien sich dem Ende zuzuneigen und die Finnen standen erwartungsvoll einer weiteren Auseinandersetzung mit der Sowjetunion gegenüber.

---


[136] Singleton: A Short History of Finland, S.134.

[137] Puntila: Politische Geschichte Finnlands, S.188.

[138] Jokipii: Finnland und Deutschland im 20. Jahrhundert , S.36.

[139] Singleton: A Short History of Finland, S.134; Jokipii: Finnland und Deutschland im 20. Jahrhundert , S.29.

[140] Ebd., S.29f.

[141] Jussila/Hentilä/Nevakivi: From Grand Duchy to a Modern State, S.197.

# Der gemeinsame Kampf

Die Wehrmacht startete ihre Kampfhandlungen gegen die Sowjetunion am 22. Juni 1941. In einer Rundfunkansprache redete Hitler über die deutschen Soldaten, die „im Bunde mit finnischen Kameraden" stehen würden. Finnland ließ darüber ein Dementi erklären und betonte seine Neutralität. Die Sowjetunion sollte wie geplant zuerst angreifen.[142] Diese sah in Hitlers Kommentar eine Bestätigung der deutsch-finnischen Zusammenarbeit und schenkte der daraufhin folgenden Neutralitätsbetonung keinerlei Glauben. Da die deutschen Flugzeuge während ihrer Einsätze finnisches Territorium überflogen, begann Moskau nun ebenfalls gegen jenen Staat Angriffe einzuleiten.

Am 25.Juni erklärte Finnland, dass es sich im Krieg mit der Sowjetunion befinde und sich verteidigen wolle. Für Verwirrung sorgten danach die Äußerungen des Präsidenten Rytis und der Tagesbefehl des Oberbefehlshabers Mannerheim, die neben der Revidierung der Verluste des Winterkrieges auch von der Erweiterung zu einem Großfinnland sprachen. Die Regierung schien durch eine solche Aufstockung der geplanten Kriegsziele verwirrt, duldete diese dann aber, da Helsinki später gewonnene Ländereien als „Pfand" oder „Tauschobjekt" bei Friedensverhandlungen innehaben wollte. Bereits Ende November beschloss der finnische Reichstag jedoch die Festlegung des Ziels auf die Rückeroberung der durch den Winterkrieg verlorenen Gebiete.[143] Die Finnen mussten schon im ersten Kriegswinter erkennen, dass Deutschland keine entscheidenden Erfolge erkämpfte, da die Eiseskälte sie stoppte, die Sowjets sich der besseren Taktik bedienten und Hilfsmittel aus dem Westen erhielten.[144] Mit dem Beschluss vom November ebnete die Regierung insgeheim die Möglichkeit zur Vorbereitung zum Kriegsaustritt. Bereits im Sommer 1942 setzte sich der Angriff der Deutschen bei Stalingrad fest und die zunächst

---

[142] Jussila/Hentilä/Nevakivi: From Grand Duchy to a Modern State, S.197f.

[143] Puntila: Politische Geschichte Finnlands, S.193.

[144] Ebd., S.194.

positive Einstellung wich der Auffassung, dass der Zweite Weltkrieg das gleiche Ende wie der Erste nehmen werde.[145]

Finnland setzte zuerst seine Angriffe auf Wunsch des Waffenbruders nicht auf die Karelische Landenge, sondern auf für den gesamten Feldzug strategische Ziele. Im August 1941 waren bereits die ehemaligen Gebiete zurückerobert worden. Danach verschwand jedoch die Bereitschaft, sich an einem Sturm auf Leningrad zu beteiligen. Die Betonung des gleichzeitig kriegführenden Staat, des Separatkrieges, fand Einzug. Finnland sah sich nicht am Weltkriegsgeschehen beteiligt.[146] Es unterhielt währenddessen weiter Beziehungen zum Ausland. Die Finnen und die Engländer wurden jeweils von Deutschland und der Sowjetunion kritisiert, da sie ihren Kontakt untereinander noch nicht abgebrochen hatten. Nachdem die britische Luftwaffe Angriffe auf Petsamo geflogen hatte, brach Finnland seine Verbindungen ab und setzte die Offensive in Ostkarelien fort. Dies führte zur Kriegserklärung durch die Engländer am 6.12.1941.[147] Daraufhin begann der Stellungskrieg der Finnen und die Armee glitt in Passivität. Mannerheim machte im Sommer 1942 den Deutschen klar, dass man erst nach einer Eroberung Leningrads wieder aktiv vorangehen und sich der Murmansker Eisenbahn annehmen würde. Im Februar 1943, als die Einlösung jener Bedingung weiter in die Ferne gerückt war, einigte man sich in Finnland darauf, aus dem Krieg ausscheiden zu wollen.[148]

Über Länder wie die Vereinigten Staaten oder Schweden wurde erfolglos versucht, Friedensbedingungen zu erläutern. Diese Art Verhandlungen sollten bis zum Sommer 1944 vorkommen. Die Finnen waren nicht bereit, die zu hohen Reparationsforderungen der Sowjetunion einzugehen und kämpften weiter. Da diese Gespräche ohne Erlaubnis der Deutschen stattfanden, stellten diese ihre Lieferungen ein.[149] Nachdem die Russen im Juni eine Großoffensive starteten

---

[145] Ebd., S.193f.

[146] Jokipii: Finnland und Deutschland im 20. Jahrhundert, S.30.

[147] Jussila/Hentilä/Nevakivi: From Grand Duchy to a Modern State, S.199.

[148] Ebd., S.203.

[149] Jokipii: Finnland und Deutschland im 20. Jahrhundert, S.32.

und auf der Karelischen Landenge durchbrachen, rief Finnland den Waffenbruder noch einmal um Hilfe an. Der deutsche Außenminister von Ribbentrop reiste daraufhin nach Helsinki. Der finnische Präsident Ryti gab ihm in Verbindung mit seinem eigenen Namen die Erklärung, nicht ohne Zustimmung des Partners einen Separatfrieden einzugehen. Die erneuten Lieferungen der Deutschen halfen den Finnen auf den Schlachtfeldern ungemein.[150] Die Lage an der Front begann sich zu stabilisieren. Ryti reichte seinen Rücktritt ein und Anfang August wurde Mannerheim dann zum Präsidenten gewählt.[151] Dieser sagte den Deutschen daraufhin, sich nicht mit der von seinem Vorgänger eingegangenen Verpflichtung in Verbindung stehen zu sehen. Die Sowjetunion sah keine Besetzung des Landes vor. Als Bedingung für Friedensverhandlungen forderte Stalin den Abbruch der deutsch-finnischen Beziehungen sowie den Abzug aller Wehrmachtstruppen bis zum 15.September.[152] Elf Tage vor diesem Termin begann der Waffenstillstand. Durch den dazugehörigen Vertrag musste Finnland unter anderem die Grenzen von 1940 erneut anerkennen, die deutschen Truppen entwaffnen und das Petsamo-Gebiet abtreten.[153]

Finnland konnte sich lange vor dem einstigen Waffenbruder aus dem Kriegsgeschehen herauslösen. Die Rückgewinnung der einst durch den Winterkrieg verlorenen Länderstriche war nur von temporärem Erfolg. Umgeben von geopolitischer Brisanz und einer stets intakten Bedrohung blieb die Selbstständigkeit jedoch erhalten, was bei der Findung eines Waffenstillstandes von Vorteil war. Der über Jahre andauernde Stellungskrieg der Finnen wies auf die Unterschiede in den Kriegszielen beider Partner hin. Die Konzentration auf die Revidierung des Moskauer Friedensvertrages von 1940 und die abgelehnte Unterstützung, zum Beispiel beim Sturm auf Leningrad,

---

[150] Ebd., S.32f.

[151] Puntila: Politische Geschichte Finnlands, S.197.

[152] Puntila: Politische Geschichte Finnlands, S.197.

[153] Ebd., S.199.

unterstreichen das rein „faktische Bündnisverhältnis" von Finnland und Deutschland.[154]

Trotz aller Verluste und Niederlagen musste das weiterhin alleinhandelnde Land als souveräne Macht wahr- und ernst genommen werden. Diesen Status erarbeitete sich dieses durch eine nicht aggressive Außenpolitik, die gegen den Willen und sämtliche Interessen in einen ersten Krieg und letztendlich seiner Fortsetzung mündete. Die Vereinigten Staaten bekundeten ihre Zustimmung zu diesem Sachverhalt mit der Beibehaltung des Friedenszustandes gegenüber den Finnen.[155] Selbst Stalin erkannte auf dem Gipfeltreffen der Sowjetunion, Englands und den USA in Teheran 1943, dass dieses Volk „ernst zu nehmen sei". Er forderte von Finnland keine bedingungslose Kapitulation und so wurde der Sonderstatus des Landes tatsächlich angenommen.[156]

Mit dem Waffenstillstand zwischen Finnland und der Sowjetunion endete die deutsch-finnische Waffenbrüderschaft. Die Beziehungen wurden fallengelassen und die Wehrmacht wurde aufgefordert, das Land bis zum 15. September zu verlassen. Im Sommer hatte Hitler die Wichtigkeit des Nordens von Finnland betont. Zum einem würde man hier die Wege der Amerikaner sowie der Sowjets unterbinden und zum anderen seien die Nickelvorkommen überlebenswichtig für die eigene Rüstungsindustrie. Die Lapplandarmee der Deutschen war in Bezug auf Truppen und Kriegsmaterial hochgerüstet. Dennoch musste man aufgrund der sich vom Eismeer her bewegenden sowjetischen Armee und den sich vom Süden her nähernden finnischen Verbänden zum Rückzug in Richtung Nordnorwegen übergehen. Am 15. September versuchte die deutsche Armee die Insel Hogland einzunehmen, um dadurch die Kontrolle über die Leningrader Bucht zu gewinnen. Die Finnen konnten diesen Angriff abwehren. Mannerheim soll später geschrieben haben, dass diese Situation eine Erleichterung brachte, da Deutschland „den Sündenfall begangen und die Kampfhandlungen zwischen den beiden Waffenbrüdern eröffnet hatte". Bis April 1945 erfolgten daraufhin

---

[154] Vgl. Wagner: Finnlands Neutralität, S.33.

[155] Vgl. Ebd., S.33.

[156] Jussila/Hentilä/Nevakivi: From Grand Duchy to a Modern State, S.205.

schwere Kämpfe und Finnland erklärte Deutschland rückwirkend zum Eintritt des Waffenstillstandsvertrages vom September 1944 den Krieg.[157]

In Lappland kam es zunächst im Spätsommer zu einer geheimen Zusammenarbeit. Zwei Wochen lang herrschte ein Scheinkrieg, in dem die Deutschen Teile ihrer Truppen evakuieren konnten und somit auch diverse finnische Städte von der Verwüstung verschont blieben. Nachdem die Kontrollkommission der Sowjets eingetroffen war, mussten die Finnen jedoch für den Erhalt ihrer Selbstständigkeit eintreten und begannen am 1.Oktober mit reellen Kampfhandlungen gegen die Deutschen. [158] Diese zogen sich mit der Taktik der „verbrannten Erde" zurück und fügten der finnischen Infrastruktur somit schwere Schäden zu.[159] Der letzte deutsche Soldat verließ Finnland am 25.April 1945.[160] Der Fortsetzungskrieg war beendet. Der Waffenstillstand mit der Sowjetunion wurde auf der Pariser Friedenskonferenz 1947 bestätigt und die Kontrollkommission, welche durch die Alliierten eingesetzt worden war, verließ daraufhin bereits das Land.[161] Reparationsforderungen, Gebietsverluste und Opfer hinderten Finnland dennoch nicht daran, als unabhängiger Staat in die Zukunft zu schauen und diese selbst zu gestalten.

---

[157] Bohn: Finnland, S.224f.

[158] Jokipii: Finnland und Deutschland im 20. Jahrhundert, S.34f.

[159] Bohn: Finnland, S.226.

[160] Jokipii: Finnland und Deutschland im 20. Jahrhundert, S.35f.

[161] Klinge: Geschichte Finnlands im Überblick, S.135ff.

# Fazit

Vom Friedensvertrag bis hin zum Zweiten Weltkrieg führte Finnland eine Politik unter dem Gesichtspunkt der Neutralität. Doch erst heutzutage, beginnend mit ersten Lobeserklärungen während des Kalten Krieges, wird davon gesprochen, inwiefern Finnland diese Entscheidung weltpolitisch gerettet hat. Helsinki versuchte stets auf Augenhöhe mit Großmächten, aber auch mit den Randstaaten, koexistent in der europäischen Außenpolitik zu agieren. Reagiert wurde dabei vor allem auf die Angst vor sowjetischen Übergriffen. Finnland hatte sich unter anderem die Schweiz als Vorbild genommen, aber das geopolitische Gleichgewicht der Eidgenossen konnte im hohen Norden nicht aufgebracht werden. Finnland hatte sich vom einstigen Mutterland losgesagt und sich innenpolitisch vom Kommunismus distanziert. Russland fühlte sich durchgehend provoziert von den Finnen und machte hieraus niemals großen Hehl. Da man weder mit dem ehemaligen Gefährten Deutschland eine passende Beziehung aufbauen konnte noch erfolgreich im Aufbau einer nordischen Linie war, wurde Finnland immer weiter in die eigene Isolation gedrängt. Letztendlich stand man im aufgezwungenen Winterkrieg alleine vor den Kämpfen gegen eine Großmacht. Kein anderer Staat hatte Hilfe versprochen. Doch genauso konsequent wie Finnland stets an seiner Neutralitätspolitik festgehalten hatte stellte man sich der Herausforderungen und bestand sie, trotz geringer Chancen, mit Bravour. Finnland wurden die Grenzen aufgezeigt, es kam zu Gebietsverlusten und Zwangsumsiedlungen, aber trotz der schweren Ausgangslage bewies und erhielt man die eigene Souveränität. Der Erfolg der finnischen Politik während der Zwischenkriegszeit mag heute nicht von allen anerkannt werden. Denn hierzu wird und muss die Fortsetzung des Winterkrieges herangezogen werden. Der Höhepunkt in der Verteidigung der eigenen Unabhängigkeit mündete in der Zusammenarbeit mit Deutschland als Waffenbruder. Hierzu kam es aus Existenznot, dem Recht zur Verteidigung sowie dem Willen auf Wiedergutmachung nicht anzunehmender Verluste und einer wirtschaftlichen Isolation. Finnland musste sich einer der Großmächte anschließen. Die Sowjetunion stand dabei völlig außer Frage. Ideologisches Gedankengut gegenüber dem gewählten Partner Deutschland spielte dabei keine Rolle. Bereits bei den Zielen der Kampfhandlungen war man hier unterschiedlicher Meinung und so war nach kurzer Zeit auch hier ein Ende der Zusammenarbeit in Sicht.

Eine moralische Hinterfragung scheint nicht angebracht zu sein. Die Finnen mussten abwägen und entschieden letztlich korrekt, wie sie ihre gewählte Linie bis zum Ende des Zweiten Weltkrieges verfolgen wollten. Helsinki war stets bereit für außenpolitische Kontakte mit anderen Staaten, wurde aber zu oft nur vertröstet. Die Regierung stand in der Verantwortung für die Bevölkerung und legte mit dem Vorgehen zwischen den Kriegen und während der eigenen Konflikte den Grundstein für die heute noch immer währende und weltweit anerkannte Selbstständigkeit und die wichtige Rolle in der Europäischen Union.

# Quellen- und Literaturverzeichnis

## Verwendete Literatur:

Bohn, Ingrid: Finnland. Von den Anfängen bis zur Gegenwart, Regensburg 2005.

Jokipii, Mauno: Finnland und Deutschland im 20.Jahrhundert, Kuopio 1994.

Jussila, Osmo/Häntilä, Seppo/Nevakivi, Jukka: From Grand Duchy to a Modern State. A Political History of Finland since 1809, London 1999.

Jussila, Osmo/Hentilä, Seppo/Nevakivi, Jukka: Vom Großfürstentum zur Europäischen Union. Politische Geschichte Finnlands seit 1809, Berlin 1999.

Jutikkala, Eino/Pirinen, Kauko: A history of Finland, Espoo 1979.

Klinge, Matti: Geschichte Finnlands im Überblick, Helsinki 1995.

Puntila, Lauri Aadolf: Politische Geschichte Finnlands. 1809-1977, Helsinki 1980.

Singleton, Fred: A Short History of Finland, Cambridge 1991.

Tarkka, Jukka: Weder Stalin noch Hitler. Finnland während des Zweiten Weltkrieges, Helsinki 1991.

VanDyke, Carl: The Soviet Invasion of Finland. 1939-40, London 1997.

Wagner, Ulrich H.E.: Finnlands Neutralität. Eine Neutralitätspolitik mit Defensivallianz (Schriften aus dem Finnland-Institut in Köln, Bd.10), Hamburg 1974.

## Weitere Literatur:

Büttner, Ruth: Sowjetisierung oder Selbstständigkeit? Die sowjetische Finnlandpolitik 1943-1948 (Schriftenreihe Hamburger Beiträge zur Geschichte des östlichen Europa, Bd.8), Hamburg 2001.

Engman, Max: Finland. People, Nation, State, London 1989.

Selovouri, Jorma: Macht und Bürokratie in Finnland. 1809-1998, Helsinki 1999.

Björn Kohlsdorf (2005): Entstehung und Wandel der militärischen Koalition Deutschland – Finnland in Kohärenz mit dem Kriegsverlauf an der Ostfront

# Einleitung

„Man muß auf das Rauschen der Fichte hören, unter der man seine Wohnung hat."

Finnische Volksweisheit[162]

Als das Deutsche Reich im Sommer 1940 die ersten Fühler nach Finnland ausstreckte, atmete man dort spürbar auf. Man sah sich nach dem Winterkrieg 1939/40 und dem darauf folgenden Moskauer Frieden vom 13. März 1940 weiterhin von der Sowjetunion auf das Äusserste bedroht. Schließlich hatte die Rote Armee durch die Friedensbedingungen quasi einen Fuß in der Haustür Finnlands. Als dann ab Sommer 1940 die UdSSR begann, weitere Forderungen zu stellen, die über den Friedensvertrag von Moskau hinausgingen, schien ein weiterer Krieg mit der Sowjetunion in greifbarer Nähe. Ebenfalls hatten die Erfahrungen im Winterkrieg gezeigt, dass sich Finnland nicht auf die Unterstützung von Seiten der Westmächte verlassen konnte, zumal diese nunmehr selbst um ihr Überleben kämpften. Auch waren die Reserven Suomis, militärisch wie auch wirtschaftlich, nach dem Winterkrieg nahezu erschöpft. Man brauchte also dringend einen Verbündeten, der in der Lage war, den Fortbestand Finnlands zu sichern. In dieser Situation war jede Aussicht auf Hilfe hoch willkommen. Deswegen nahm man auch jede Form der ersten inoffiziellen Kontaktaufnahmen des Deutschen Reiches erfreut zur Kenntniss und bemühte sich, diese nicht abreissen zu lassen. So stimmte die finnische Regierung zum Beispiel der Werbung von Freiwilligen für die SS bereitwillig zu, war es doch ein erstes Mittel der Bindung beider Nationen aneinander. Die Annäherung beider Länder soll Gegenstand des ersten Teiles dieser Arbeit sein, ergänzt durch den inneren Konflikt, den Finnland zu dieser Zeit hegte.

Als der "Fall Barbarossa" dann endgültig beschlossen war, begann man auch in Berlin öffentlich Position für Finnland zu beziehen. In Helsinki dagegen musste man weiter vorsichtig taktieren, da man keine verbindlichen Zusagen

---

162 Zit. nach: Ryti, R.: Stunden der Entscheidung. Reden des finnischen Staatspräsidenten Risto Ryti. Leipzig, Berlin o. J. [1943]. S. 23.

Deutschlands vorzuweisen hatte und deshalb auf Gedeih und Verderb der durchaus ambivalenten Finnlandpolitik Hitlers ausgesetzt war.

In der Planung des Russlandfeldzuges wurde von Anfang an mit Finnland als Verbündeten gerechnet. Die militärischen Abstimmungen der beiden Länder gingen dann rasch von statten. Beim späteren Ostfeldzug Deutschlands und seiner Verbündeten, wurde der Beitrag Finnlands, vor allem durch die Finnen selbst, immer als Sonderkrieg, "Fortsetzungskrieg" genannt, proklamiert. Die finnische Regierung ließ sich damit eine Hintertür für einen möglicherweise nötigen Kriegsaustritt offen, was dann später in die Tat umgesetzt wurde.

Die Frage des Sonderkriegs kann man nur zweigeteilt betrachten. Gerade in der Angriffsphase im Sommer und Herbst 1941 nahm er deutliche Züge eines gemeinsamen Krieges an. Zwar im Unterschied zu Rumänien oder Ungarn ohne politisches Bündnis, aber dennoch hörte das finnische Oberkommando auf "das Rauschen der Fichte", also auf das deutsche Oberkommando der Wehrmacht. Der Oberbefehlshaber der finnischen Streitkräfte Mannerheim bemühte sich, die finnische Kriegsführung an die Wünsche der deutschen Wehrmacht anzupassen. Erst die Frustration über die ausbleibenden Erfolge im Norden und ab 1942 das sich wendende Kriegsglück Deutschlands, veranlasste Mannerheim zum Strategiewechsel. Die militärische Zusammenarbeit sowie der Wandel in der Kriegsführung sollen im zweiten Teil der Seminararbeit beleuchtet werden.

Der dritte und letzte Teil zeichnet die Ereignisse des Bruches der "Waffenbrüderschaft" nach. Es soll dabei auch der militärische Aspekt des Ausscheiden Finnlands, die Operation "Birke" in Verbindung mit dem sogenannten "Herbstmanöver", betrachtet werden.

# Genese der Koalition

## Erste Schritte zur Militärallianz

Nach der Kapitulation Frankreichs und der Besetzung Dänemarks und Norwegens begann die finnische Regierung, behutsam das Verhältnis zu Deutschland zu verbessern und diesem erste politische Tribute zu zollen[163]. Schließlich hatten sich die Machtverhältnisse in Nord- und Westeuropa, auch begründet durch die militärische Schwäche Großbritanniens, eindeutig zugunsten des Deutschen Reiches verschoben. In diesem Zusammenhang erkannte Finnland den slowakischen Satellitenstaat an und zog seine Vertreter bei der norwegischen Exilregierung sowie beim Völkerbund ab[164].

Das deutsche Echo darauf ließ nicht lange auf sich warten. So reiste bereits Ende Juli 1940 Ludwig Weissauer als Beamter des Auswärtigen Amtes nach Finnland und sondierte dort in Gesprächen mit Mannerheim und Ryti, wie sich Finnland verhalten würde, falls es zu einem Krieg Deutschlands gegen die Sowjetunion kommen würde[165]. Am 21. Juli 1940 gab Hitler die Weisung heraus, das russische Problem in Angriff zu nehmen[166]. Ab diesem Zeitpunkt verschoben sich die deutschen Interessen von den rein wirtschaftlichen zu den strategischen. War man zuvor einzig und allein um die Nickelvorkommen bemüht, wollte man sich nun zusätzlich einen nördlichen Aufmarschraum gegen die Sowjetunion aufbauen und die Bergwerke im Gebiet Petsamo vor möglichem russischen oder englischen Zugriff sichern („Operation Rentier")[167].

---

[163] Menger, M.: Deutschland und Finnland im zweiten Weltkrieg. Genesis und Scheitern einer Militärallianz. Berlin 1988. S. 77.

[164] Ibid.

[165] Ibid., S. 78.

[166] Moritz, E.(Hrsg.): Fall Barbarossa. Berlin 1970. S. 70. Zit. nach: Menger, Deutschland und Finnland, S. 79.

[167] Menger, Deutschland und Finnland, S. 79f. Vgl. dazu: Schramm, Percy E. (Hrsg.): Kriegstagebuch des Oberkommandos der Wehrmacht (Wehrmachtführungsstab) (im Folgenden: KTB-OKW). Band 1. Studienausgabe. Augsburg 2002. S. 27.

Das durch Görings Emissär Veltjens am 18./19. August 1940 bei Mannerheim geschlossene Abkommen über umfangreiche Waffenlieferungen im Gegenzug für ein Transitrecht deutscher Truppen und ein Optionsrecht Deutschlands auf sämtliche finnische Mineralvorkommen[168] war für Finnland ein deutliches Zeichen deutschen Interesses[169]. Damit war das Vakuum, in welchem sich die finnische Sicherheitspolitik seit dem Hitler-Stalin-Pakt und dem Moskauer Frieden befand, scheinbar durchbrochen[170].

Bedeutete doch das „Vorverkaufsrecht auf alle das Großdeutsche Reich interessierende Konzessionen in Finnland"[171] für die Regierung Ryti eine Sicherheit gegenüber den Forderungen der Sowjetunion das Gebiet Petsamo betreffend[172].

Dem ersten Abkommen folgten im September 1940 weitere. So regelte man den Aufbau einer Landorganisation für die Truppentransporte mit festen Nachschubstellen und Versorgungsdepots und sprach sich über die zu benutzenden Routen sowie über die Art der zu bewegenden Truppenteile ab. Anders als beim finnisch-sowjetischen Transitabkommen vom 6. September 1940 mussten die Deutschen aber ihre Mannschaften und Waffen nicht getrennt transportieren[173]. Dies unterstrich den freundschaftlichen Charakter des Transitabkommens mit dem Deutschen Reich, im Gegensatz zum Finnisch-Russischen.

---

[168] Menger, Deutschland und Finnland, S.80 f.

[169] Am 18. Dezember 1940 erklärte Göring dem finnischen Generalmajor Talvela: „In diesem Augenblick [Abschluss des Transitabkommens – B.K.] entschied sich das Schicksal Finnlands. Danach gehörte Finnland wieder zur deutschen Interessensphäre." Zit. nach: Menger, Deutschland und Finnland, S.80.

[170] Siehe dazu: Ørvik, Nils: Sicherheit auf finnisch. Finnland und die Sowjetunion. Stuttgart-Degerloch 1972. Vgl. dazu: Blücher, Wipert von: Gesandter zwischen Diktatur und Demokratie. Erinnerungen aus den Jahren 1935-1944. Wiesbaden 1951. S. 200 f.

[171] ADAP, D, Bd. XI, I, Dok. 139, 140, S. 199 (01. 10. 1940), zit. nach: Ueberschär, G. R.: Die Einbeziehung Skandinaviens in die Planung „Barbarossa". In: Boog, Horst u.a. (Hrsg.): Der Angriff auf die Sowjetunion. Stuttgart 1983, S. 372.

[172] Ueberschär, Einbeziehung Skandinaviens, S. 372 f.

[173] Menger, Deutschland und Finnland, S. 81 f.

Infolge dessen wurden cirka 2200 deutsche Militärangehörige dauerhaft in Finnland stationiert. Formal dienten diese zur Unterstützung und Sicherung des Truppentransportes, inoffiziell aber bildeten die Nachschubposten eine ideale Etappenlinie für den späteren Aufmarsch[174]. Auch ließen Art und Weise der deutschen Lieferungen keinen Zweifel an deren späterer Verwendung. Waren sie doch zu einem großen Teil offensiver Natur und förderten so den Ausbau der „finnischen Operationsbahn"[175].

Als dann am 12. und 13. November 1940 bei den Molotow-Gesprächen in Berlin „der Führer [...] seinen Regenschirm kräftig über Finnland gehalten"[176] hatte, bestand in Helsinki kein Zweifel mehr, dass das eigene Schicksal nun direkt von Deutschland abhing[177]. Göring übermittelte Mannerheim am 21. November dann die entscheidenden Worte: „Ein befreundetes Finnland [...] kann und wird Deutschland niemals untergehen lassen."[178] Ab diesem Zeitpunkt rechnete man in Berlin fest mit einer Beteiligung Finnlands am Ostfeldzug[179]. So wurde dann bereits in der Weisung Nr. 21 („Fall Barbarossa") vom 18. Dezember 1940 sowie in der „Aufmarschanweisung Barbarossa" vom 31. Januar 1941 der Umfang finnischer Mitwirkung festgelegt[180], allerdings ohne Verhandlungen mit dem finnischen Oberkommando aufgenommen zu haben[181]. Als Rahmen für die Beteiligung Finnlands wurden drei Ziele abgesteckt: Zum einen sollte die Masse des finnischen Heeres in Abstimmung mit der Heeresgruppe Nord die starken sowjetischen Kräfte am Ladogasee mit der Hilfe deutscher Truppen zerschlagen. Zum anderen sollte der sowjetische Marinestützpunkt Hanko in Finnland ausgeschaltet werden. Des Weiteren wurde

---

[174] Ibid., S. 83.

[175] Ibid., S. 84.

[176] Zit. nach: Blücher, Gesandter, S. 205.

[177] Menger, Deutschland und Finnland, S. 87.

[178] Zit. nach: Ibid.

[179] KTB-OKW, Bd. 1, S. 204.

[180] Menger, Deutschland und Finnland, S. 88.

[181] Ueberschär, Einbeziehung Skandinaviens, S. 381.

mit der Deckung und Unterstützung der deutschen Kräfte in Nordfinnland durch die finnische Wehrmacht gerechnet[182]. Diese Planungen Hitlers und des Oberkommandos der Wehrmacht, quasi über den Kopf der finnischen Regierung und des Generalstabes hinweg, zeigen deutlich, dass die deutsche Führung nie an eine Art Sonderkrieg im Norden dachte. Finnland war von Anfang an als Verbündeter analog zu Rumänien oder Ungarn eingeplant. Hitler äußerte sich dazu gegenüber General Antonescu folgendermaßen: „Eine Operation, die vom Eismeer bis zum schwarzen Meer reicht, bedarf einer zentralen Führung. Sie liegt naturgemäß in unserer Hand."[183] Es war also jedwede Art von Koalitionskriegsführung unerwünscht. Dass sich diese dann an der finnischen Front doch einstellte, war der besonderen Art der Beziehungen beider Länder zueinander geschuldet.

Brenzlig wurde es für die neue finnische Regierung unter Ryti im Januar 1941. In der so genannten Petsamo-Krise forderte die Sowjetunion das neue Nickelbergwerk bei Kolosjoki[184]. Zwar über den Umweg einer finnisch-sowjetischen Bergwerksgesellschaft, aber doch mit dem Nachdruck eines Ultimatums zum 23. Januar 1941. Dieses verstrich ohne Ergebnisse. Starke Truppenkonzentrationen wurden Mannerheim an der östlichen Grenze gemeldet. Die Mobilmachung stand kurz bevor und wurde nur von Ryti noch gestoppt[185]. Dieser erkannte wohl rechtzeitig, dass dies nur ein Vorwand Russlands für einen neuen Krieg war, um einer festen Zuordnung Finnlands in die deutsche Interessensphäre zuvor zu kommen und sich seinerseits des für das Deutsche Reich kriegsentscheidenden Nickels zu bemächtigen. Infolge deutscher Zusicherungen versteifte sich die finnische Regierung auf ihre ablehnende Haltung. Im März 41 gab die Sowjetunion schließlich ihr Vorhaben auf und schlug wieder deutlich freundlichere Töne an. Die Folge war allerdings, dass

---

[182] Menger, Deutschland und Finnland, S. 88.; Ueberschär, Einbeziehung Skandinaviens, S. 381 f.

[183] OKW/ WFSt/ Abt. L (I Op) Nr. 44981/ 41 g.Kdos.Chefs. vom 17.6.1941, BA-MA, RH 31-I/v. 40. Zit. nach: Ueberschär, Einbeziehung Skandinaviens, S. 390.

[184] Blücher, Gesandter, S. 202. Vgl.: Ueberschär, Einbeziehung Skandinaviens, S. 372 f.

[185] Tieke, Wilhelm: Das Finnische Freiwilligen-Bataillon der Waffen-SS. III.(finn.)/"Nordland". Osnabrück 1979. S. 54 f. Vgl. dazu: Menger, Deutschland und Finnland, S. 74 f.

man Finnland nun vollends in die offenen Arme Deutschlands getrieben hatte[186]. Ebenso war für die Regierung um Ryti deutlich geworden, dass die Kontakte zu Deutschland nun unbedingt offiziellen Charakter annehmen mussten.

Konnte man sich doch, vor allem in der Diplomatie, nicht allein auf Zusagen und Versprechungen verlassen. Wie gerufen kam somit das offizielle Ersuchen der deutschen Regierung vom 1. März 1941, in Finnland Freiwillige für die SS anwerben zu dürfen[187]. Dem stimmte man natürlich zu, war es doch ein erstes diplomatisch als auch militärisch absicherndes Abkommen[188]. Das deutsche Wohlgefallen manifestierte sich dann mit dem offiziellen politischen und militärischen Treffen des persönlichen Sonderemissärs Hitlers Schnurre mit Ryti und anderen Regierungsmitgliedern[189]. Dabei besprach man vor allem die in Berlin eingegangenen Forderungen Molotows sowie den möglichen Kriegsausbruch mit der UdSSR. Ebenfalls erfolgte die Einladung einer Militärdelegation nach Deutschland, um die geplanten Maßnahmen zu koordinieren[190]. Dabei sprach man aber noch nicht von einem Angriff, beraten werden sollten lediglich mögliche „Verteidigungsmaßnahmen". In diesem Zusammenhang erfolgte auch die Zusicherung an Ryti, dass ein Angriff der Sowjetunion auf Finnland von Hitler als Grund für einen deutsch-russischen Krieg angesehen würde[191]. Damit war für Finnland die Sicherheit hergestellt, die man seit dem Winterkrieg verzweifelt suchte. Ab diesem Zeitpunkt begannen dann die militärischen Absprachen für den Ostfeldzug und die Kriegsallianz Deutschland-Finnland nahm konkrete Konturen an.

---

[186] Tieke, Freiwilligen-Bataillon, S. 55.

[187] Tieke, Freiwilligen-Bataillon, S. 55.

[188] Ibid., S. 56.

[189] Ibid., S. 60.

[190] Ueberschär, Einbeziehung Skandinaviens, S. 391.

191 Ibid.

## Motive Deutschlands

Die Gründe für Hitlers plötzliches Interesse an Finnland waren vielseitig. Besonders sticht dabei die kriegsentscheidende Bedeutung des finnischen Nickels für Deutschland hervor.

Deckten doch 60 Prozent der in Petsamo geförderten Menge Nickelerz und Molybdän den laufenden Verbrauch des Großdeutschen Reiches[192]. Bedeutung erlangte es erst recht nach dem Wegfall der Überseelieferungen sowie dem gestiegenen Verbrauch für die Panzerstahlherstellung. Aus diesem Grund war eben auch die Sicherung des entsprechenden Gebietes um die Nickelgruben vor englischem oder russischem Zugriff nötig[193]. Begnügte man sich in Berlin zuerst noch mit der Neutralität Finnlands bei einem Krieg mit der Sowjetunion, versuchte man später das Gebiet mit eigenen Truppen zu sichern[194]. Des Weiteren interessierte man sich für das finnische Kupfererz und Holz. Aber auch strategische Interessen spielten ab 1941 eine größere Rolle[195].

Diente Finnland zunächst nur als Absicherung der schwedischen Häfen für den Eisenerztransport[196], wurde es doch erheblich wichtiger als Hitler den Schwerpunkt des Ostfeldzuges von der Heeresgruppe Mitte mit Stoßrichtung Moskau auf die Heeresgruppe Nord mit dem Ziel der Eroberung Leningrads verlagerte[197]. Womit der nördlichen Front am Ladogasee die entscheidende Rolle zukam, den Nachschub Leningrads abzuschneiden.

Finnland rückte also mehr und mehr von einem möglichen Nebenkriegsschauplatz hin zu einem nördlichen Schwerpunkt der Ostfront. Damit wird auch verständlich, dass Ribbentrop bei den Molotow-Gesprächen in

---

192 Ibid., S. 372 f.

193 Menger, Deutschland und Finnland, S. 89.

194 „Operation Rentier", vgl. dazu: KTB-OKW, Bd. 1, S. 27.

195 Menger, Deutschland und Finnland, S. 24-28.

196 Ibid.; S. 25.

197 Ueberschär, Einbeziehung Skandinaviens, S. 381.

Berlin am 12. und 13. November 1940 auf seinen möglichen Kontinentalblock gegen England und seinen um Russland erweiterten „Viermächtepakt" zugunsten Finnlands verzichten musste. Molotow forderte den Abzug aller deutscher Truppen sowie die Beseitigung sämtlicher anderer Interessenskonflikte Finnland betreffend als Grundvoraussetzung für einen russischem Beitritt zum „Dreimächtepakt"[198]. Hitler wies diese Forderungen natürlich zurück[199], hatte man in Deutschland doch andere Pläne mit Finnland.

## Aporie und Kairos Finnlands

Die finnische Regierung war im Gegensatz zur Deutschen nicht in der Lage, sich seine Verbündeten auszusuchen. Seit Ende des Winterkrieges hoffte man in Finnland einzig darauf, dass die bedingungslose Erfüllung des Moskauer Friedens der Sowjetunion genügen würde[200]. Dies war nicht der Fall. Als Stalin im Sommer 1940 weitergehende Forderungen stellte, als im Friedensvertrag abgemacht, sah sich Finnland gezwungen, nach einem Verbündeten zu suchen. Traditionsgemäß dachte man dabei zuerst an Schweden[201]. Als aber der Staatenbund, mit dem schwedischen König an der Spitze und Mannerheim als Oberbefehlshaber der Streitkräfte, sowohl von der Sowjetunion als auch vom Deutschen Reich abgelehnt wurde, sah man sich gezwungen, die einzig mögliche Alternative zu ergreifen[202]: die Annäherung an Deutschland mit all seinen außenpolitischen Konsequenzen. Dies stieß nicht in allen Kreisen Helsinkis auf Zustimmung. Die Regierung Ryti war gespalten in deutschfreundliche und westorientierte Gruppierungen.

Wobei die Englandtreuen auf verlorenen Posten standen. War man doch im Vereinigten Königreich stets darauf bedacht, es nicht zu einer Eskalation mit

---

[198] Ibid., S. 375.

[199] Ryti, Stunden der Entscheidung, S. 6. Vgl. dazu: Beranek, A.: Mannerheim. Berlin 1942. S. 219.

[200] Tarkka, J.: Weder Stalin noch Hitler. Finnland während des zweiten Weltkrieges. Keuruu 1991. S. 33-35.

[201] Menger, Deutschland und Finnland, S. 86 f.

[202] Tieke, Freiwilligen-Bataillon, S. 52. Vgl. dazu: KTB-OKW, Bd. 1, S. 299.

Moskau kommen zu lassen und somit einen möglichen Krieg Englands gegen Russland zu vermeiden. Weit wichtiger war für die finnische Regierung jedoch, dass man nun auf eine Revanche für den Winterkrieg hoffen konnte[203]. Noch dazu bestand die Chance ein Stückchen mehr zu bekommen als man verloren hatte[204]. Außerdem beruhte die Waffenbrüderschaft zwischen Deutschland und Finnland ja auch schon auf einer gewissen Tradition. Die deutsche, militärische Hilfe im Bürgerkrieg 1918 und das preußische Jägerbataillon 27, bestehend aus finnischen Freiwilligen, waren noch durchaus in den Köpfen der finnischen Bevölkerung präsent[205]. Nicht zuletzt auch die Wahl eines Deutschen, den Schwager Wilhelms II. Prinz Friedrich Karl von Hessen[206], zum finnischen König zeigte die enge Verbundenheit in der kurzen Geschichte Finnlands als souveräner Staat. Es war daher eine Zusammenarbeit mit Deutschland nichts wirklich Ungewöhnliches für die Finnen und daher auch im Bereich des Machbaren für die demokratische, finnische Regierung.

Man war in Finnland hin- und hergerissen. Auf der einen Seite war die finnische Regierung mit der außenpolitischen Ausweglosigkeit konfrontiert. Auf der anderen erkannte man seine Chance auf Wiedergutmachung ganz genau. Schließlich entschied man sich, die Chance zu nutzen. Wusste aber wohl gleichfalls, dass dies ein Spiel mit dem Feuer war. So ließ man sich auf kein festes politisches Bündnis mit Deutschland ein, band ein solches doch die Partner auf Gedeih und Verderb aneinander. In Helsinki entschied man sich zwar mit Deutschland zusammen zu kämpfen, behielt sich aber einen vorzeitigen Ausstieg aus dem Krieg vor.

---

[203] Menger, Deutschland und Finnland, S. 77.

[204] Nicht ganz unbegründet. Siehe dazu: KTB-OKW, Bd. 1, S. 205.

[205] Jussila, O. u. a. (Hrsg.): Vom Großfürstentum zur Europäischen Union. Politische Geschichte Finnlands seit 1809. Berlin 1999. S. 135-139. Vgl.: Ryti, Stunden der Entscheidung, S. 20.

[206] Allerdings war dieser nur zweite Wahl, man wollte zunächst einen Sohn Wilhelms II. Prinz Oskar zum König ernennen. Das deutsche Kaiserhaus hielt diesen aber für zu wichtig um ihn in das instabile Finnland zu entsenden. Vgl. dazu: Jussila, Politische Geschichte Finnlands, S. 143 f.

# Die militärische Liaison Deutschland - Finnland

„Im Norden kämpft Finnland, ein wahres Heldenvolk!"

Adolf Hitler, Reichstagsrede, Oktober 1941[207]

Ein genauer Zeitpunkt für den Beginn der deutsch-finnischen Militärallianz lässt sich nur schwer ausmachen. Liefen die ersten Treffen doch vor allem im Geheimen ab. So reiste zum Beispiel am 17. Januar 1941 der finnische Generalstabschef Heinrichs offiziell für einen Vortrag über den Winterkrieg zum Oberkommando des Heeres nach Berlin. Dabei ging es aber vielmehr um Absprachen für die Zusammenarbeit im Falle eines Krieges mit der Sowjetunion. So gab Heinrichs bereitwillig Auskunft über die Stärke der finnischen Streitkräfte, deren Mobilisierungs- und Aufmarschzeit sowie die Möglichkeit einer unauffälligen Mobilmachung[208]. Auch erste operative Besprechungen bezüglich der möglichen Angriffsziele Finnlands fanden statt[209].

Nach dem man im Frühjahr 1941 dann einige Offiziere ausgetauscht sowie diese gegenseitig geschult hatte[210], dabei wurden aber vor allem finnische Offiziere mit dem deutschen Führungsstil vertraut gemacht, trafen sich zur konkreten Planung des Beitrages Finnlands zum Ostfeldzug am 25. Mai in Salzburg Heinrichs in Begleitung seiner Abteilungsleiter mit dem Chef des Wehrmachtführungsstabes General d. A. Jodl[211]. Dieses Treffen kann als Anfangspunkt der Militärallianz gesehen werden, da alle vorherigen Besprechungen immer nur informellen und rein sinnierenden Charakter hatten. In Salzburg hingegen besprach man erstmals konkrete militärische Operationen

---

[207] Zit. nach: Beranek, Mannerheim, S. 221.

[208] Menger, Deutschland und Finnland, S. 92.

[209] KTB-OKW, Bd. 1, S. 298 f.

[210] Menger, Deutschland und Finnland, S. 94.

[211] Ibid., S. 99f.

und gab den Deutschen zu verstehen, dass Finnland grundsätzlich bereit für eine Teilnahme am Russlandfeldzug sei[212].

Vom 3. - 5. Juni 41 erfolgte dann der Gegenbesuch von Vertretern des OKH und OKW, beim finnischen Generalstab. Dabei wurden letzte, nötige Absprachen getroffen und nochmals betont, dass die finnische Regierung zur vollen Mitwirkung und zur Erfüllung der ihr gestellten Aufgaben bereit sei[213]. Hier zeigte sich deutlich, dass Finnland auf die deutschen strategischen Wünsche einging und seine eigenen militärischen Interessen dem unterordnete. So sollte der Vorstoß des Großteils der finnischen Armee östlich oder westlich des Ladogasees nach deutschem Wunsch erfolgen[214]. Des Weiteren wurden die Kommandobefugnisse des V. finnischen Armeekorps und der Petsamo-Abteilung an das Armeeoberkommando Norwegen zur Sicherung des nördlichen Frontabschnittes, welcher komplett in deutscher Hand war, übertragen[215]. Somit standen reguläre finnische Truppen direkt unter deutschem Befehl, umgekehrt war dies nicht der Fall. Ein weiteres Indiz für die deutsche Dominanz in der Koalition ist die Ablehnung der Wünsche Heinrichs. Er bat um deutsche Unterstützung bei der Besetzung der Ålandinseln und der Abriegelung des russischen Stützpunktes Hanko. Beides wurde von der deutschen Führung abgelehnt und zu rein finnischen Angelegenheiten erklärt[216].

Nach Abschluss der Planungen unterrichtete Ryti nun auch sein Kabinett und das Parlament in Helsinki von den getroffenen Abmachungen und der geplanten militärischen Zusammenarbeit. Die geplanten Mobilmachungsmaßnahmen wurden gebilligt, allerdings forderte man für die Generalmobilmachung eine vorherige Zusicherung des Deutschen Reiches, dass es auch wirklich zu einem

---

[212] ADAP, Serie D, Bd. XII/2, Göttingen 1969, S. 732-737. Zit. nach: Menger, Deutschland und Finnland, S. 99.

[213] ADAP, Serie D, Bd. XII/2, Dok. 592, S. 801 f. Zit. nach: Ueberschär, Einbeziehung Skandinaviens, S. 393.

[214] Menger, Deutschland und Finnland, S. 101.

[215] Ibid., S. 100 f.

[216] Ibid., S. 101.

Krieg mit der Sowjetunion kommen würde. Diese konnte Oberst Buschenhagen mit persönlicher Ermächtigung Hitlers am 16. Juni in Helsinki abgeben[217].

In Finnland entschied man sich dafür, nach außen hin keinen offenen Aggressionskrieg gegen die Sowjetunion zu führen. Vielmehr konstruierte man ein Täuschungsmanöver. So versuchte die finnische Regierung, sich solange neutral zu verhalten, bis der Aufmarsch abgeschlossen war[218]. Als am 22. Juni 1941 dann der deutsche Angriff auf die Sowjetunion begann, erklärte Finnland feierlich seine Neutralität, obwohl zeitgleich deutsche Verbände aus dem finnischen Gebiet heraus operierten[219]. Auch die „Operation Rentier", die Besetzung und Sicherung des Gebietes Petsamo, wurde sofort durchgeführt[220]. Diese Täuschung diente vor allem dem finnischen Vorhaben, die militärische Allianz mit Deutschland und die gemeinsame Angriffsplanung den Westmächten gegenüber zu verschleiern. Darauf begründete sich der spätere Terminus vom Sonderkrieg. Als dann sowjetische Flugzeuge und Artillerie die deutschen Stützpunkte in Finnland beschossen, erklärte Ryti in seiner Rede vom 26. Juni öffentlich den Verteidigungsfall und den Kriegszustand mit der Sowjetunion[221].

Es stellte sich schnell heraus, dass man die russischen Verbände im Norden unterschätzt hatte. Obwohl der deutsche Hauptangriff an der Ostfront zunächst gut vorankam, richtete man an der finnischen Grenze fast gar nichts aus. Den Verbänden der finnischen Wehrmacht gelang es zunächst, die im Winterkrieg verlorenen Gebiete zurückzuerobern und danach noch Sowjetkarelien einzunehmen. Allerdings nur unter schweren Verlusten, die weitere großangelegte Offensiven nahezu unmöglich machten. Die deutschen Truppen erreichten keines ihrer Offensivziele. Das Unternehmen „Silberfuchs", der Vorstoß zusammen mit finnischen Truppen nach Murmansk und die Operation

---

[217] Ueberschär, Einbeziehung Skandinaviens, S. 395 f.

[218] Menger, Deutschland und Finnland, S. 111 - 113.

[219] Ueberschär, Einbeziehung Skandinaviens, S. 400.

[220] Erster Eintrag im KTB-OKW vom 22. Juni 1941: „3.00 Uhr. Beginn der Offensive gegen Rußland. Petsamo - Gebiet heute morgen besetzt." KTB-OKW, Bd. 1, S. 408.

[221] Rundfunkansprache Rytis vom 26. Juni, abgedruckt in: Ryti, Stunden der Entscheidung, S. 79 - 91.

„Platinfuchs", die Eroberung Murmansks, scheiterten. Ebenso musste die Operation „Polarfuchs", der Vorstoß zur strategisch wichtigen Murmanbahn, immer wieder verschoben und schließlich gänzlich abgesagt werden[222]. Dies alles führte zu einem raschen Umdenken Mannerheims im Hinblick auf die Kriegsführung. So forderte er bereits im Oktober 41 den Austausch der unter deutschem Befehl stehenden finnischen Truppen. Um die gute Zusammenarbeit nicht zu gefährden, gab man im OKW nach[223]. Zur Absicherung der finnischen Waffenbrüderschaft forderte Hitler nun aber eine stärkere Bindung Finnlands an Deutschland. Sah doch die deutsche Führung die mögliche Gefahr eines Separatfriedens der finnischen Regierung mit Moskau, bedingt durch das offensichtliche Scheitern der Blitzkriegstrategie[224]. So unterzeichnete Finnland am 25. November 1941 in Berlin feierlich den Antikominternpakt bei dessen Verlängerung und Erweiterung[225]. Dies hatte für Helsinki weitreichende außenpolitische Folgen. Am 6. Dezember 1941 folgte nach einem Ultimatum die Kriegserklärung Großbritanniens und die USA drohten mit dem Abbruch der diplomatischen Beziehungen[226]. Eben diese Folgen fürchtete Ryti seit Beginn der Kriegskoalition mit Deutschland und vermied deswegen auch jedes festes Bündnis mit seinem Kriegspartner[227]. Er konnte aber in dieser Situation diesem nicht mehr ausweichen, war sein Land doch auf die deutschen Getreide- und Waffenlieferungen angewiesen. Hitler drohte mit der Einstellung dieser sollten die Beziehungen nicht intensiviert werden[228]. Auch die Gefahr der Okkupation Finnlands durch einen deutschen Handstreich dürfte vermutlich zu dieser Entscheidung Rytis beigetragen haben.

---

[222] Ueberschär, G. R.: Kriegführung und Politik in Nordeuropa. In: Boog, Horst u.a. (Hrsg.): Der Angriff auf die Sowjetunion. Stuttgart 1983, S. 820.

[223] Ibid.

[224] Menger, Deutschland und Finnland, S. 144 - 151.

[225] Blücher, Gesandter, S. 258 - 263.

[226] Menger, Deutschland und Finnland, S. 148 f.

[227] Um die traditionell guten Beziehungen zu den Westmächten nicht abreisen zu lassen. KTB-OKW, Bd. 3, S. 36.

[228] Tarkka, Weder Stalin noch Hitler, S. 58.

Anfang 1942 stellte man sich in Finnland nun völlig auf einen längeren Krieg ein[229]. Die ersten sowjetischen Gegenoffensiven im Dezember 1941 und Januar 42 zeigten Mannerheim deutlich, dass der deutschen Armee an der nördlichen Front die Initiative entrissen worden war[230]. Auch der erfolglose Versuch einen zweiten Blockadering um Leningrad zu errichten[231] deutete darauf hin, dass die Wehrmacht an der Grenze ihrer Möglichkeiten angelangt war und mit einem schnellen Sieg nicht mehr gerechnet werden konnte. Man hatte zunächst mit einem raschen Blitzkrieg gerechnet und dafür von Anfang an mit maximalen Ressourceneinsatz gekämpft, was bei längerer Kriegsdauer einen Zusammenbruch der Heimatfront zu Folge hätte[232]. So demobilisierte die finnische Regierung einen Teil ihrer Armee, um die Wirtschaft wieder in Gang zu bringen. Dieser fehlte es Aufgrund der Mobilisierungsquote von 17 Prozent an Arbeitskräften[233]. Von diesem Zeitpunkt an machte Mannerheim jede weitere Offensive der finnischen Streitkräfte vom vorherigen Fall Leningrads abhängig[234]. Erst von da an kann von einem Sonderkrieg gesprochen werden. Führte man vorher doch willfährig jeden Wunsch der deutschen Führung aus, so handelte man jetzt selbstständig, lediglich in Rücksprache mit der deutschen Generalität.

Den Glauben an einen Sieg verlor man in Helsinki endgültig nach der Durchbrechung der Blockade von Leningrad im Januar 1943 und der Kapitulation der 6. Armee in Stalingrad am 2. Februar[235] desselben Jahres. Bereits ein Tag danach trafen sich die finnischen Entscheidungsträger und fassten den Beschluss aus dem Krieg auszuscheiden, allerdings in Übereinstimmung mit Deutschland, da man sich sonst in unabsehbare Gefahren

---

[229] Menger, Deutschland und Finnland, S. 136 - 144.

[230] Ibid, S. 143 f.

[231] Ibid, S. 144.

[232] Ueberschär, Kriegführung, S. 845 - 847.

[233] Menger, Deutschland und Finnland, S. 144 - 147.

[234] Ibid., S. 152 f.

[235] Ibid., S. 161 f

begeben hätte[236]. Somit war das Ende der Militärkoalition Deutschland – Finnland absehbar. Führte diese Konferenz der finnischen Regierung zwar noch nicht direkt zu einem Frieden, so war sie doch der erste Schritt in diese Richtung. Es lässt sich hier der Schlussstrich unter die deutsch-finnische Liaison ziehen, denn es folgten ab diesem Zeitpunkt nur noch verzögernde Aktionen. Die Deutschen versuchten natürlich alles um den Kriegspartner auf Kurs zu halten und die Finnen ihrerseits taten alles Deutschland zu beschwichtigen um nicht dasselbe Schicksal wie Ungarn zu erleiden. Gleichzeitig benötigte man in Finnland aber auch weiterhin die deutschen Kräfte um der Roten Armee standzuhalten.

---

[236] Ibid. Vgl. auch: Jussila, Politische Geschichte Finnlands, S. 226 f.

# Ende der „Waffenbrüderschaft"

„Solange der Finne kämpft, soll er Hilfe bekommen ...."

Verfügung Hitlers vom 12. Juni 1944[237]

Das Ende der Militärallianz gestaltete sich für Finnland ähnlich wie der Anfang. Man begann mit geheimen Verhandlungen über diplomatische Umwege wie zum Beispiel Schweden. Am 20. März 1943 bot die USA sich als Vermittler zwischen Helsinki und Moskau an. Ryti war bereit dieses Angebot anzunehmen und ließ dies Ende März durch Außenminister Ramsay die deutsche Führung wissen[238]. Er löste damit die erste Krise in der Kriegskoalition aus. Für den Fall eines Separatfriedens drohte Berlin mit militärischer Gewalt und erpresste Finnland gleichzeitig mit wirtschaftlichen Sanktionen[239]. Schließlich hatte Deutschland mittlerweile einen 90-prozentigen Anteil am finnischen Außenhandel. Des Weiteren war man auf die deutschen Rohstofflieferungen wie Kohle, Eisen oder Öl angewiesen. Ebenfalls drohte eine Hungersnot, da der finnische Getreidebedarf nur durch einen deutschen Zuschuss von 200 - 250.000 t gedeckt werden konnte[240]. Diese Gründe und der Wille der finnischen Regierung nicht auf das bereits Erreichte zu verzichten[241], führten schließlich zu einem Nachgeben Finnlands und der Zusicherung durch den Ministerpräsidenten, dass man keinen Sonderfrieden ohne deutsche Zustimmung abschließen werde[242]. Damit war die Krise beseitigt und die Verhältnisse normalisierten sich wieder. Allerdings wusste man jetzt in Finnland, dass

---

[237] Abgedruckt in Klink, E.: Die deutsch-finnische Zusammenarbeit 1944. In: Ders. u. a. (Hrsg.): Operationsgebiet östliche Ostsee und der finnisch-baltische Raum 1944. Stuttgart 1961. S.33. Zit. nach: Menger, Deutschland und Finnland, S. 201.

[238] Menger, Deutschland und Finnland, S. 163 f.

[239] Ibid.

[240] Ibid., S. 164

[241] Stalin forderte einen Frieden auf Grundlage des Moskauer Friedens von 1940. Auch das Angebot Moskaus im November 43 scheiterte aus demselben Grund. Vgl. Menger, Deutschland und Finnland, S. 167 f.

[242] Menger, Deutschland und Finnland, S. 165 f.

Deutschland einen vorzeitigen Kriegsaustritt unter keinen Umständen akzeptieren würde und ernsthafte Konsequenzen für Finnland drohten. Die Allianz existierte zwar weiter, hatte aber jetzt deutliche Risse.

Als dann die Zweijahresfrist für das finnische Freiwilligen-Bataillon der SS im Mai 1943 auslief, forderte Mannerheim dieses sofort zurück und lehnte auch jeglichen Ersatz dafür ab[243]. Das Freiwilligen-Bataillon wurde dann feierlich am 11. Juli 43 der finnischen Wehrmacht übergeben[244]. Es waren die letzten Finnen, die unter deutschen Oberbefehl standen. Somit war die militärische Zusammenarbeit der beiden Länder nahezu bei null angekommen.

Endgültig platze Hitler der Kragen als er von weiteren finnischen Friedensverhandlungen mit den Alliierten erfuhr. Daraufhin ließ er sämtliche Lieferungen stoppen, auch gegen die Bedenken des Wehrmachtführungsstabes der einen Einbruch an der finnischen Front befürchtete. Man verlangte nun von Finnland ein klares Zeichen für Deutschland[245]. Ryti sah sich gezwungen einige demonstrative Maßnahmen durchzuführen. So verbot er deutschkritische Zeitungen und verschärfte im Allgemeinen die Zensur. Ebenso hielt Finnland seine versprochenen Lieferungen an Deutschland ein[246]. Schließlich wusste man auch in Helsinki welche Bedeutung das Petsamo-Nickel für das Deutsche Reich hatte und wollte somit diesem gefällig sein. Diese Zugeständnisse hatten allerdings zur Folge, dass sich die Sowjetunion nunmehr veranlasst sah eine Entscheidung in Finnland militärisch herbeizuführen[247].

Am 9. Juni 1944 begann dann der groß angelegte Angriff der Roten Armee auf die karelische Landenge. Dabei wurden die finnischen Kräfte innerhalb von 10 Tagen in die dritte und letzte Verteidigungslinie zurückgedrängt[248]. Somit stand die Rote Armee vor Wyborg, der ersten größeren Stadt Finnlands. In dieser

---

[243] KTB-OKW, Bd. 6, S. 744 f.

[244] Tieke, Freiwilligen-Bataillon, S. 243 - 245

[245] Menger, Deutschland und Finnland, S. 188 - 193.

[246] Ibid.

[247] Ibid., S. 193.

[248] Ibid., S. 195 f.

Situation entschieden sich Ryti und Mannerheim am 19. Juni ein weitreichendes Hilfegesuch an das Oberkommando der Wehrmacht zu richten. Sie forderten mehr Unterstützung als nur Waffenlieferungen, im speziellen dachte man dabei an sechs deutsche Divisionen zur Sicherung des Südabschnittes der Front in Finnland. Deutschland konnte zwar keine weiteren Truppen schicken, versprach aber eine Erhöhung der Waffenlieferungen sowie Verlegung einiger Verbände aus Nordnorwegen zur Unterstützung im Gegenzug für ein deutliches Bekenntnis Finnlands zu Deutschland. Dieses erfolgte am 26. Juni 1944 in Form des Ryti-Ribbentrop-Paktes, in dem Finnland erklärte einen Sonderfrieden nur im Einvernehmen mit dem Deutschen Reich zu schließen. Aber für die Finnen hatte dieses Abkommen nur formellen Charakter, man suchte auf jeden Fall einen Weg zum Sonderfrieden, gleichzeitig war man aber auf deutsche Unterstützung gegen die Rote Armee angewiesen. Aus diesem Grund wandten Ryti und Mannerheim einen Trick an. So war der Pakt an Ryti gebunden, da das Abkommen keine Legitimation durch den Reichstag hatte, war er somit bei einem Präsidentenwechsel hinfällig[249]. Dieser war zu diesem Zeitpunkt schon abzusehen.

Obwohl zunächst aufgrund des Ryti-Ribbentrop-Paktes nun diplomatisch völlig isoliert, erreichte Finnland am 29. August 1944 ein neues Angebot zu Verhandlungen aus Moskau. Verlangt wurde dabei aber ein vorheriger Abbruch der Beziehungen zu Deutschland und ein Ultimatum an Berlin, dass bis zum 15. September sämtliche deutschen Truppen das Land verlassen sollen. Danach verbliebene Wehrmachtsangehörige sollten entwaffnet und den Alliierten übergeben werden[250]. Da Ryti bereits am 1. August 1944 zurückgetreten war und Mannerheim die Amtsgeschäfte des Staatspräsidenten am 4. August übernommen hatte, war für Finnland nun auch der Weg frei für einen Separatfrieden[251]. Hitler erhielt am 3. September den entscheidenden Brief Mannerheims, in dem er das Ausscheiden Finnlands aus dem Krieg und die

---

[249] Ibid., S. 201 - 208.; Tieke, Freiwilligen-Bataillon, S. 248.

[250] Menger, Deutschland und Finnland, S. 222 f.

[251] Blücher, Gesandter, S. 381 - 388.

damit verbunden Maßnahmen, wie sie die Sowjetunion forderte, ankündigte[252]. Am 4. September wurde der Abbruch der Beziehungen öffentlich über die finnische Nachrichtenagentur verkündet[253]. Für Deutschland begann nun die Operation „Birke", welche bereits im März 44 während der ersten wirklichen Krise der Militärallianz geplant worden war[254]. Bei dieser sollte sich die 20. Gebirgsarmee nach Nordnorwegen absetzten um dort eine neue Verteidigungsstellung aufzubauen, da eine Evakuierung aufgrund mangelnder Kapazitäten zu dieser Zeit bereits unmöglich war. Bei ihrem Rückzug sollten alle strategisch wichtigen Einrichtungen und nicht mitzunehmende Versorgungsgüter vernichtet werden. In der entsprechenden Führerweisung Nr. 50 wurden nahezu alle Bauwerke ob Holzhütte oder Bunker und alle Infrastrukturbauten als strategisch wichtig eingestuft und mussten somit zerstört werden[255].

Die deutschen Kräfte in Südfinnland sollten dagegen evakuiert werden. Deshalb erging vom OKW der Befehl das Verhalten gegenüber den Finnen vorerst nicht zu ändern, da man auf deren Hilfe angewiesen war. Bis zum 10. September war Südfinnland von den Deutschen geräumt worden, inklusive der Botschaft und des Verbindungsstabes[256].

Obwohl die Operation „Birke" schon am 3. September freigegeben wurde und somit auch die Zerstörungsmaßnahmen im Gange gewesen sein dürften, traf man am 11. September noch Absprachen mit den Finnen. Diese halfen beim Abzug auch noch nach Ablauf des Ultimatums und im Gegenzug räumte die 20. Gebirgsarmee friedlich das Gebiet. Bei diesem sogenannten „Herbstmanöver" führten Deutsche und Finnen einen Scheinkrieg nach außen. Wobei es zu

---

[252] Brief Mannerheims an Adolf Hitler vom 2. September 1944, abgedruckt in: Tieke, Freiwilligen-Bataillon, S. 249 f. Vgl. dazu auch: KTB-OKW, Bd. 7, S. 894 f.

[253] Menger, Deutschland und Finnland, S. 223.

[254] Ibid., S. 176 - 180.

[255] Ibid.

[256] Ibid., S. 225 f.

inszenierten Gewaltenakten kam, so zum Beispiel als deutsche Soldaten 26 Loks und 700 Waggons „erbeuteten".[257]

Als die Alliierten das Manöver bemerkten verschärfte sich die Beziehung zwischen Deutschland und Finnland noch einmal. Ende September 44 kam es dann zu ersten Kampfhandlungen zwischen den ehemaligen „Waffenbrüdern"[258]. Ab 2. Oktober 1944 bestand dann endgültig der Feindzustand zwischen Deutschen und Finnen. Dies führte zu einer enormen Erhöhung der Zerstörungsmaßnahmen von Seiten der Deutschen. So wurde zum Beispiel am 16. Oktober die Stadt Rovaniemi vollständig eingeäschert.[259]

Die Birke-Endstellung der 20. Gebirgsarmee deckte zunächst das Petsamogebiet noch mit ab. Als sich die Armee aber aufgrund der schlechten Versorgungslage weiter nach Norwegen zurückziehen musste (Operation „Nordlicht"), gab man die Nickelgruben schließlich auf. Zu dem stellte Albert Speer fest, dass man dank der vorhandenen Vorräte auf das Petsamo-Nickel nun verzichten könne[260]. Durch eine Großoffensive der Roten Armee wurden dann auch die meisten restlichen deutschen Kräfte aus Nordfinnland vertrieben. Bis auf einen kleinen Teil im Gebirge an der Grenze zu Norwegen war Finnland damit „befreit" worden[261].

Als im März 1945 nun wirklich kein Zweifel mehr an einer Niederlage Deutschlands bestand, erklärte die finnische Regierung, rückwirkend ab dem 15. September 1944, dem Deutschen Reich den Krieg[262].

---

[257] Ibid., S. 233.

[258] Menger, Deutschland und Finnland, S. 238 - 242.

[259] Ibid., S. 241 f.

[260] Ibid., S. 244.

[261] Ibid., S. 245 - 248.

[262] Ibid., S. 249.

# Fazit

Die finnische Sicherheitspolitik setzte vor dem Winterkrieg 1939 / 40 vor allem auf den Status Quo der beiden Großmächte Deutschland und Russland. Mit dem Hitler-Stalin-Pakt war dies gescheitert und Finnland geriet sofort in Bedrängnis von Seiten der Sowjetunion. Man suchte und fand einen notwendigen Verbündeten, das Deutsche Reich. Mit diesem hatte man nicht nur eine gewisse Sicherheit gegenüber den Forderungen Stalins erreicht sondern auch eine einmalige Chance zur Wiedergutmachung des Moskauer Friedens sowie die Möglichkeit das eigene Territorium noch darüber hinaus zu vergrößern. Als dies scheiterte war man in Helsinki erneut auf der Suche und zwar nach einem Ausweg. Dieser fand sich 1943 / 44 in den ersten Friedenssondierungen unter Vermittlung der USA. Dabei wartete man aber auf eine günstige Gelegenheit für den Bruch der Beziehungen zu Deutschland. Mit dem Zusammenbruch der Ostfront und dem Rückzug der deutschen Truppen aus Russland 1944 war die Zeit reif. Zwar versuchte man erst noch die Militärallianz freundlich und mit möglichst geringen Verlusten abzuwickeln, kam dann aber den Forderungen der Alliierten nach echten Kampfmaßnahmen nach und musste somit die weitgehende Zerstörung Lapplands hinnehmen. Jedoch schaffte Finnland es als Mitkämpfender Deutschlands ohne Besetzung und Kapitulation aus dem verhängnisvollen Kriegszug heraus zu kommen. Dies gelang nur durch dem die ganze Zeit aufrechterhaltenem Nimbus des Sonderkrieges, den auch die Westmächte akzeptierten. War dieser doch Grundvoraussetzung für einen Separatfrieden. Vor allem zu verdanken haben die Finnen dies Ryti und Mannerheim. Finnlands ambivalente Außenpolitik während des Zweiten Weltkrieges dürfte beispielhaft sein für die Probleme in welche eine kleine Nation zu dieser Zeit geraten konnte. Beispielhaft auch deswegen da man diese schwierigen Situationen immer auch in eine Chance umwandeln konnte. Ein Schatten auf diese Politik wirft allerdings die gemeinsame Angriffsplanung mit dem Deutschen Reich und die nahezu zeitgleich begonnene Offensive. Hier lässt sich, auch wenn dies vor allem von der finnischen Literatur (Vgl. Tarkka, Jussila und Klinge) anders gedeutet wird, nicht von einem Sonderkrieg sprechen. Die Planungen und die ersten Kriegswochen trugen deutliche Züge eines Bündniskrieges mit gemeinsamen Zielen. Erst als die Erfolge ausblieben und der Krieg länger als geplant andauerte, zog man die Konsequenzen und verhielt sich nun größtenteils defensiv und verfolgte nur noch seine eigenen Kriegsziele. Damit war man wirklich nur noch „Mitkriegführender".

Deutlich wird dies durch die vor allem militär-historischen Studien Ueberschärs und Mengers. Wobei Letzterer dazu neigt die latente Bedrohung der Sowjetunion gegenüber Finnland unterzubewerten, während Ueberschärs „Einbeziehung Skandinaviens in die Planung Barbarossa" ein Blick über die militärischen Ereignisse hinaus gut getan hätte. Leider stehen umfangreiche, neuere Forschungen, denen es jetzt nach dem Ende des Kalten Krieges möglich wäre die Sichtweisen von Ost und West zu prüfen und zu verbinden noch aus.

Die Erfahrungen des Zweiten Weltkriegs konnten für Finnland nur eine Konsequenz haben: Neutralität. Diese wird seit dem in Finnland beispielhaft praktiziert, beruhte aber während des Kalten Krieges auf die selbe Sicherheitspolitik wie vor dem Winterkrieg. Dem Gegenseitigen blockieren der Großmächte, diesmal die USA und die Sowjetunion, und die damit verbundene Unterbindung größere staatlicher Umwälzungen, dabei vor allem militärische Konflikte zwischen oder mit kleineren Staaten in Europa.

# Quellen- und Literaturverzeichnis

*Beranek*, August: Mannerheim. Berlin 1942.

*Blücher*, Wipert von: Gesandter zwischen Diktatur und Demokratie. Erinnerungen aus den Jahren 1935-1944. Wiesbaden 1951.

*Jussila*, Osmo, *Hentilä*, Seppo, *Nevakivi*, Jukka (Hrsg.): Vom Großfürstentum zur Europäischen Union. Politische Geschichte Finnlands seit 1809. Berlin 1999.

*Klinge*, Matti: Geschichte Finnlands im Überblick. 2., überarb. Aufl. Keuruu 1988.

*Menger*, Manfred: Deutschland und Finnland im zweiten Weltkrieg. Genesis und Scheitern einer Militärallianz. Berlin 1988.

*Ørvik*, Nils: Sicherheit auf finnisch. Finnland und die Sowjetunion. Stuttgart-Degerloch 1972.

*Paasi*, Anssi: Territories, boundaries and consciousness. The Changing Geographies of the Finnish-Russian Border. Chichester 1996.

*Ryti*, Risto: Stunden der Entscheidung. Reden des finnischen Staatspräsidenten Risto Ryti. Berlin, Leipzig o. J. [1943].

*Schramm*, Percy E. (Hrsg.): Kriegstagebuch des Oberkommandos der Wehrmacht (Wehrmachtführungsstab). 8 Bde. Studienausgabe. Augsburg 2002.

*Tarkka*, Jukka: Weder Stalin noch Hitler. Finnland während des zweiten Weltkrieges. Keuruu 1991.

*Tieke*, Wilhelm: Das Finnische Freiwilligen-Bataillon der Waffen-SS. III.(finn.)/"Nordland". Osnabrück 1979.

*Tuchtenhagen*, Ralph: Die Vermarktung des nördlichen Waffenbruders. Finnland in der deutschsprachigen Publizistik 1939-1945. In: Menger, Manfred (Hrsg.): Finnland und Deutschland. Forschungen zur Geschichte der beiden Länder und ihrer Beziehungen. Protokollband des Dritten Deutsch-Finnischen

Historikerseminars auf Schloß Spyker (Rügen) vom 15. bis 19. September 1993. Hamburg 1996, S. 287-315.

*Ueberschär,* Gerd R.: Die Einbeziehung Skandinaviens in die Planung „Barbarossa". In: Boog, Horst u.a. (Hrsg.): Der Angriff auf die Sowjetunion. Stuttgart 1983, S. 365-412.

*Ueberschär,* Gerd R.: Kriegführung und Politik in Nordeuropa. In: Boog, Horst u.a. (Hrsg.): Der Angriff auf die Sowjetunion. Stuttgart 1983, S. 810-882.

# Einzelpublikationen

Harald Freter (2008): Finnland im Zweiten Weltkrieg im Spannungsfeld deutscher und sowjetischer Großmachtinteressen

ISBN: 978-3-640-10189-4

Matthias Sühl (2010): Finnlands Außenpolitik nach dem ersten Weltkrieg. Vom neuen Staat zum isolierten Land im Winterkrieg und zum Waffenbruder des Dritten Reiches

ISBN: 978-3-640-67801-3

Björn Kohlsdorf (2005): Entstehung und Wandel der militärischen Koalition Deutschland – Finnland in Kohärenz mit dem Kriegsverlauf an der Ostfront

ISBN: 978-3-656-26010-3